# Thomas Paine

# Droits de l'homme

**EN RÉPONSE A L'ATTAQUE DE M. BURKE**
*SUR LA REVOLUTION FRANÇAISE.*

 Le code de la propriété intellectuelle du 1er juillet 1992 interdit en effet expressément la photocopie à usage collectif sans autorisation des ayants droit. Or, cette pratique s'est généralisée dans les établissements d'enseignement supérieur, provoquant une baisse brutale des achats de livres et de revues, au point que la possibilité même pour les auteurs de créer des oeuvres nouvelles et de les faire éditer correctement est aujourd'hui menacée. En application de la loi du 11 mars 1957, il est interdit de reproduire intégralement ou partiellement le présent ouvrage, sur quelque support que ce soir, sans autorisation de l'Editeur ou du Centre Français d'Eploitation du Droit de copie , 20, rue Grands Augustins, 75006 Paris.

ISBN : 978-1511479295

10  9  8  7  6  5  4  3  2  1

Thomas Paine

# Droits de l'homme

**EN RÉPONSE A L'ATTAQUE DE M. BURKE**
*SUR LA REVOLUTION FRANÇAISE.*

## *Table de Matières*

Préface de l'auteur — 7
Droits de l'homme; — 9
Déclaration des droits de l'homme et du citoyen. — 74
Mélanges — 79
Conclusions — 101

A Georges
WASHINGTON,

PRÉSIDENT LES ÉTATS-UNIS

DE L'AMÉRIQUE.

Monsieur,

Je vous présente un petit Traité pour la défense de ces principes de liberté que votre vertu exemplaire a si éminemment contribué à établir. Puissent les Droits de l'Homme devenir aussi universellement connus que votre bienveillance le désire ; et puissiez-vous avoir le bonheur de voir le Nouveau-Monde régénérer l'ancien.

C'est le souhait,
MONSIEUR,
De votre très-obligé et très-obéissant serviteur,

Thomas Paine

## Préface de l'auteur
POUR L'ÉDITION FRANÇAISE.

L'étonnement que la révolution Française a causé dans toute l'Europe doit être considéré sous deux points de vue différents : d'abord, en tant que cette révolution affecte les habitants des pays étrangers ; secondement, en tant qu'elle affecte les gouvernements de ces mêmes pays.

La cause du peuple Français est celle de toute l'Europe, ou plutôt celle du monde entier ; mais les gouvernements de tous les pays ne lui sont aucunement favorables. Il est à propos de ne jamais perdre de vue cette distinction. Il ne faut point confondre les peuples avec leurs gouvernements, et particulièrement le peuple Anglais avec son gouvernement.

Le gouvernement d'Angleterre n'est pas ami de la révolution de France ; nous en avons des preuves suffisantes dans les remerciements que l'électeur d'Hanovre, ou, comme on l'appelle quelquefois, le Roi d'Angleterre, homme faible et sans esprit, a faits à M.Burke pour les injures dont il l'avait accablé dans son ouvrage, et dans les réflexions malveillantes du Ministre Anglais, M. Pitt, dans ses discours au Parlement.

Quoique le Gouvernement Anglais, dans sa correspondance *officielle* avec celui de France, fasse profession de l'amitié la plus sincère, sa conduite dément toutes ces déclarations, et nous fait voir que ce n'est pas une Cour à laquelle on puisse se fier ; mais une Cour en démence qui se plonge dans toutes les querelles et toutes les intrigues de l'Europe, cherchant la guerre pour satisfaire sa folie et favoriser son extravagance.

Quant à la Nation Anglaise, au contraire, elle a des dispositions très favorables à la révolution Française et aux progrès de la liberté dans l'univers entier ; et ces dispositions deviendront plus générales en Angleterre, à mesure que les intrigues et les artifices de son gouvernement se découvriront et que les principes de la révolution Française seront mieux entendus. Il faut que les Français sachent que la plupart des papiers-nouvelles Anglais sont directement à la solde du gouvernement, ou si indirectement liés avec lui qu'ils sont toujours à ses ordres ; et que ces papiers-nouvelles défigurent et attaquent constamment la révolution de France afin de tromper la Nation ; mais comme il est impossible d'empêcher constamment les opérations de la vérité, les faussetés que contiennent journellement ces papiers, ne produisent plus les effets désirés.

Pour convaincre l'univers que la voix de la vérité a été étouffée en Angleterre, il ne faut que l'instruire que le gouvernement Anglais la regarde et la poursuit comme un libelle, lui qui devrait en être le protecteur. Cet outrage à la morale a été appelé *loi* ; et il s'est trouvé des juges assez scélérats pour la faire punir.

Le Gouvernement Anglais nous offre maintenant un phénomène curieux. Voyant que les Nations Française et Anglaise se défont de ces préjugés et de ces notions fausses dont elles étaient autrefois imbues l'une contre l'autre, et qui leur ont coûté des sommes si considérables, il semble à présent afficher qu'il a besoin d'un ennemi ; car à moins qu'il n'en trouve un quelque part, il n'a plus de prétexte pour le revenu et les impôts excessifs qui lui sont actuellement nécessaires.

Il cherche donc en Russie l'ennemi qu'il a perdu en France, et paraît dire à l'Univers, ou se dire à lui-même : « Si personne ne veut avoir la complaisance de devenir mon ennemi, je n'aurai plus besoin de flottes ni d'armées, et je serai forcé de diminuer mes taxes. La guerre de l'Amérique m'a mis à même de doubler les impôts ; l'affaire d'Hollande d'y ajouter quelque chose ; la niaiserie de Nootka m'a fourni un prétexte de lever plus de trois millions sterling ; mais à moins que je ne me fasse un ennemi de la Russie, la moisson des guerres sera terminée. C'est moi qui ai d'abord excité les Turcs contre les Russes ; et maintenant j'espère recueillir une nouvelle récolte de taxes ».

Si les misères de la guerre et le déluge de maux qu'elle répand sur un pays, n'arrêtaient point le désir de plaisanter, et ne changeaient pas l'envie de rire en douleur, la conduite frénétique du gouvernement d'Angleterre n'exciterait que le ridicule. Mais il est impossible de bannir de son esprit les images de misère que la contemplation d'une politique si vicieuse présente. Raisonner avec les gouvernements, tels qu'ils existent depuis des siècles, c'est raisonner avec des brutes ; et ce n'est que des Nations seules qu'il faut attendre des réformes. Il ne doit plus maintenant exister de doute que les peuples de France, d'Angleterre et d'Amérique, éclairés, et s'éclairant l'un l'autre, ne puissent, non seulement donner au monde entier l'exemple d'un bon gouvernement, mais même par leur influence réunie, en faire admettre la pratique.

THOMAS PAINE.

# Droits de l'homme ;
## EN RÉPONSE A L'ATTAQUE DE M. BURKE
### Sur la Révolution Française.

De tous les exemples d'indécence et de malhonnêteté par lesquels les nations se provoquent et s'irritent mutuellement les unes contre les autres, il ne s'en trouve guère de plus extraordinaire que l'ouvrage de M. Burke sur la révolution de France. Le peuple Français, non plus que l'Assemblée Nationale, ne se mêlait aucunement des affaires de l'Angleterre ni de celles de son parlement ; c'est pourquoi la conduite de M. Burke, en les attaquant en public et au parlement, ne peut se justifier ni du côté de l'honnêteté ni de celui de la politique.

Il n'y a point d'épithète injurieuse que M. Burke n'ait vomie contre la Nation Française et contre l'Assemblée Nationale. Tout ce que la colère, le préjugé, l'ignorance, ou la science est capable de suggérer, se répand avec la violence d'un torrent dans un volume de près de quatre cents pages.

En suivant le style et le plan qu'il avait adoptés, il aurait été facile à M. Burke d'en écrire quatre mille. Lorsque l'orateur ou l'écrivain se laisse entraîner par la passion, ce n'est point le sujet, mais l'homme qui s'épuise.

Jusqu'ici M. Burke s'est toujours trompé dans ses opinions sur les affaires de France ; mais telle est la fermeté de ses espérances, ou la malignité de son désespoir, qu'elle lui fournit toujours de nouveaux prétextes pour continuer. Il fut un temps où M. Burke ne pouvait pas croire à une révolution en France. Suivant lui, les Français n'avoient ni le courage de l'entreprendre, ni la constance de la soutenir : aujourd'hui qu'elle existe, M. Burke bat en retraite, et la condamne.

Peu content de s'en prendre à l'Assemblée Nationale de France, il remplit une grande partie de son ouvrage d'invectives contre le docteur Price [l'un des meilleurs hommes du monde] et contre les deux sociétés connues en Angleterre, sous les noms de *société de la révolution* et de *société pour des informations constitutionnelles*.

Le docteur Price avait fait un sermon, le 4 novembre 1789, jour de l'anniversaire de la révolution qui eut lieu en 1688. M. Burke, en parlant de ce sermon, dit : « Le prêtre politique continue en assurant *dogmatiquement* que par les principes de la révolution, le peuple Anglais a acquis trois droits fondamentaux.

1°. Celui de choisir ses gouverneurs.

2°. Celui de les emprisonner pour mauvaise conduite.

3°. Celui de se faire un gouvernement. » Le docteur Price ne dit pas que tel individu ou telle classe d'individus ait un pareil droit, mais que c'est le droit de tous les individus qui composent la société ; en un mot le droit de la Nation entière. — M. Burke, au contraire, nie que la Nation entière ou une partie de la Nation ait aucun droit de cette nature, ou que ce droit existe quelque part. Mais ce qui est bien plus singulier et plus étonnant, c'est qu'il dise « que le peuple Anglais désavoue entièrement un pareil droit, et qu'il est prêt à sacrifier sa fortune et sa vie pour empêcher qu'une pareille assertion ne soit mise en pratique ». Voir des hommes prendre les armes et sacrifier leur fortune et leur vie, *non pas* pour maintenir leurs droits, mais pour soutenir qu'ils n'ont *aucuns* droits, est une espèce de découverte tout à fait nouvelle et analogue au génie sophistique de M. Burke. La méthode dont se sert M. Burke pour prouver que le peuple Anglais n'a point de pareils droits, et que de pareils droits n'existent ni dans la nation entière ni dans aucune partie de la nation, est d'une nature aussi étrange et aussi monstrueuse que ce qu'il a déjà avancé ; car il fonde son raisonnement sur ce que les individus ou la génération d'individus qui avoient ces droits sont morts, et assure que les droits sont morts avec eux. Pour prouver cette assertion il cite un déclaration faite par le parlement, il y a environ cent ans, à Guillaume et à Marie, en ce mots :

« Les Pairs spirituels et temporels, et les communes, au nom du peuple ci-dessus mentionné ; [c'est-à-dire, du peuple Anglais alors existant,] se soumettent humblement et fidèlement, ainsi que leurs héritiers et leur postérité, *pour toujours.* »

Il cite aussi une clause d'un autre acte de parlement du même règne, dont les expressions « nous lient, [c'est-à-dire les Anglais de ce temps-là] nous, nos *héritiers*, et notre *postérité*, à *eux*, à leurs *héritiers* et à leur *postérité* jusqu'à la consommation des siècles. »

M. Burke s'imagine que sa proposition est parfaitement bien établie en produisant ces clauses qui, soutient-il, aliènent les droits de la nation *pour toujours*. Peu content de répéter à chaque instant de pareilles assertions, il ajoute, « que si le peuple Anglais possédait de pareils droits avant la révolution [Ce qu'il confesse avoir existé non seulement en

Angleterre, mais dans toute l'Europe dans des temps très éloignés], il les a abdiqués, et y a renoncé de la manière la plus solennelle *pour lui et pour toute sa postérité* au temps de la révolution ».

Comme M. Burke se sert selon l'occasion du poison tiré de ses horribles principes [si ce n'est point profaner les mots que de les appeler principes] non seulement contre la nation Anglaise, mais même contre la révolution Française et contre l'Assemblée Nationale, et *honore* cet auguste corps d'hommes éclairés de l'épithète d'*usurpateurs*, je vais mettre sans façon un autre système de principes en opposition aux siens.

Le Parlement d'Angleterre de 1688 fit pour lui et pour ses commettants une chose qu'il avait droit de faire, et qu'il paraissait juste de faire. Mais outre le droit qui lui avait été délégué, il s'en arrogea un d'une autre nature, celui de lier sa postérité *jusqu'à la consommation des siècles*. On peut donc diviser ce sujet en deux parties, savoir : le droit qu'il possédait par délégation, et le droit qu'il prit lui-même. J'admets le premier ; quant au second, je réponds. —

Il n'y eut, il n'y aura jamais, il est même impossible qu'il existe dans aucun temps ou dans aucun pays un Parlement qui ait le droit de lier la postérité jusqu'à *la consommation des siècles*, ou de commander de quelle manière le monde doit être gouverné, et par qui il sera gouverné jusqu'à l'éternité ; c'est pourquoi toutes clauses, actes ou déclarations de cette nature, par lesquels leurs auteurs s'efforcent de faire ce qu'ils n'ont ni le droit ni le pouvoir d'exécuter, sont de toute nullité. — Chaque siècle, chaque génération doit avoir la même liberté d'agir, dans tous les cas, que les siècles et les générations qui l'ont précédé. La vanité et la présomption de vouloir gouverner au-delà du tombeau est la plus ridicule et la plus insupportable de toutes les tyrannies.

L'homme n'a aucun droit de propriété sur un autre homme, ni les générations actuelles sur les générations futures. Le Parlement ou la Nation de 1688, ou d'aucun autre temps, n'avait pas plus de droit de disposer de la Nation présente, ou de la lier d'*aucune manière quelconque*, que le Parlement ou la Nation présente n'en a de lier ceux qui doivent exister dans un siècle ou dans mille ans [1]. Chaque génération a et doit avoir la compétence d'agir suivant que ses besoins l'exigent. Quand l'homme cesse d'exister, son pouvoir et ses besoins cessent d'exister avec lui ; et

[1] Ce principe est strictement vrai, quoique nous ayons continuellement sous les yeux des exemples du contraire.

Droits de l'homme

ne participant plus aux intérêts de ce monde, il n'a plus l'autorité de diriger quels en seront les gouverneurs, ni comment son gouvernement doit être organisé, ou de quelle manière il doit être administré.

Je ne combats ni pour ni contre aucune forme de gouvernement, ni pour ni contre aucun parti, soit ici, soit ailleurs. Tout ce que veut une Nation entière, elle a le droit de le faire. M. Burke dit que non. Où donc le droit existe-t-il ? Je défends les droits des *vivants*, et je m'efforce d'empêcher qu'ils ne soient aliénés, altérés ou diminués par l'autorité usurpée *des morts* ; et M. Burke prend le parti de l'autorité des morts contre les droits et contre la liberté des vivants. Il fut un temps où les Rois disposaient de leurs couronnes au lit de la mort par le moyen d'un testament, et laissaient les peuples comme des troupeaux de bestiaux à celui de leurs successeurs qu'il leur plaisait de désigner. Cela est tellement ancien qu'on peut à peine s'en rappeler, et tellement abominable, qu'on ne le croit pas sans difficulté. Eh bien ! les clauses parlementaires sur lesquelles M. Burke pose les bases de sa foi politique sont de la même nature.

Les lois des Nations sont analogues à un principe commun. En Angleterre, aucun parent, aucun maître, ni même toute l'autorité du Parlement, quoiqu'il se soit appelé *tout puissant*, ne peut restreindre la liberté personnelle, même d'un seul individu, au-delà de l'âge de vingt-et-un an ; sur quelle base de droit donc le Parlement de 1688, ou tout autre Parlement, pouvait-il lier la postérité pour toujours ?

Ceux qui ont quitté ce monde et ceux qui n'existent pas encore sont à la plus grande distance les uns des autres que l'imagination humaine puisse concevoir : quelle possibilité d'obligation peut-il donc y avoir entre eux ? quelle règle ou quel principe peut-on poser pour que de deux êtres imaginaires, dont l'un a cessé d'être et l'autre n'existe pas encore, et qui ne peuvent jamais se rencontrer dans ce monde, l'un soit autorisé à maîtriser l'autre jusqu'à la consommation des siècles.

On dit en Angleterre qu'on ne peut prendre l'argent du peuple sans son consentement : qui a donc autorisé ou qui pouvait autoriser le Parlement de 1688 à priver la postérité de sa liberté, et à restreindre son droit d'agir dans certains cas pour toujours, puisque la postérité n'existait pas pour donner ou refuser son consentement ?

On ne peut présenter à l'entendement humain une plus grande absurdité que ce que M. Burke offre à ses lecteurs. Il leur dit, ainsi qu'à la postérité, qu'une certaine Assemblée d'hommes qui existaient il y a cent ans, a fait une loi, et que la Nation n'a pas, n'aura jamais, ne peut même avoir le pouvoir de la changer. Par combien de sophismes et d'arguments subtils n'a-t-on pas fait croire au genre humain que les gouvernements étaient de droit divin ! M. Burke vient de trouver une nouvelle méthode ; et sans se donner la peine d'aller jusqu'à Rome, il en appelle au pouvoir de ce Parlement *infaillible* du temps, jadis ; et il cite ce qu'il a fait comme de droit divin ; car il faut certainement qu'une autorité soit plus qu'humaine pour qu'aucune puissance humaine ne puisse jamais l'altérer.

M. Burke a néanmoins rendu quelques services, non pas à sa cause, mais à sa patrie, en mettant ces clauses devant les yeux du public. Elles servent à démontrer combien il est toujours nécessaire de surveiller le pouvoir, afin d'empêcher les usurpations et les excès auxquels il est susceptible de se porter.

Il est réellement bien extraordinaire que l'offense qui avait fait expulser Jacques II, *de s'être arrogé un pouvoir qu'il n'avait pas*, ait été commise sous un autre forme par le Parlement qui l'avait expulsé. Cela prouve que les droits de l'homme étaient mal entendus dans le temps de la révolution ; car il est certain que le droit que le Parlement avait *pris* [car il ne pouvait pas lui avoir été *délégué*, puisque personne n'était en droit de le déléguer] sur les personnes et sur la liberté de la postérité jusqu'à la consommation des siècles, était aussi tyrannique et aussi mal fondé que celui que Jacques avait voulu s'arroger sur le Parlement et sur la Nation, et qui avait causé son expulsion. La seule différence est [car dans les principes il n'y en a point] que l'un était un usurpateur des droits des vivants, et l'autre des droits des générations à venir ; et comme le droit de l'un n'était pas mieux fondé que celui de l'autre, il s'ensuit que leurs actes sont nuls et ne peuvent avoir aucun effet.

Comment M. Burke peut-il prouver qu'aucune puissance humaine ait eu le droit de lier la postérité peur l'éternité ? Il a produit ses clauses, mais il faut aussi qu'il produise ses preuves qu'un pareil droit existait, et qu'il démontre comment il existait. S'il a jamais existé, il doit encore exister ; car l'homme ne saurait anéantir ce qui appartient à la nature de l'homme. Il est de la nature de l'homme de mourir, et il continuera de mourir tant qu'il continuera de naître. Mais M. Burke a créé une espèce d'Adam politique, par lequel toute la postérité se trouve à jamais engagée : il faut donc qu'il prouve que son *Adam* avait un pareil pouvoir ou un pareil droit.

Plus une corde est faible, moins elle est susceptible d'être tendue ; c'est donc une mauvaise politique de la tendre, à moins qu'on n'ait envie de la rompre. Si quelqu'un avait projeté la défaite de M. Burke, il aurait posé les bases de ses arguments comme M. Burke ; il aurait amplifié les *autorités*, dans le dessein de faire examiner sur quoi elles étaient fondées : et du moment que la question de droit aurait été agitée, il aurait fallu abandonner les *autorités*.

Il ne faut qu'une très petite portion de jugement pour s'apercevoir que quoique des lois faites par une génération restent en vigueur pendant plusieurs générations, elles ne continuent d'être en vigueur que du consentement des vivants. Une loi continue donc d'exister, non pas parce qu'elle *ne peut* être révoquée, mais parce qu'elle n'est pas révoquée ; et ce manque de révocation passe pour un consentement.

Mais les clauses de Monsieur Burke n'ont pas même cela en leur faveur. Elles deviennent nulles en voulant être immortelles ; leur nature empêche le consentement ; elles détruisent le droit qu'elles *pourraient* avoir en le fondant sur un droit qu'elles ne *peuvent* avoir. Un pouvoir immortel n'est point un droit de l'homme, et conséquemment ne saurait être un droit du Parlement. Le Parlement de 1688 aurait aussi bien pu faire un acte qui autorisât ses membres à vivre éternellement, que de vouloir faire vivre son autorité jusqu'à la fin des siècles. C'est pourquoi tout ce que l'on en peut dire , c'est que c'est une formule de paroles qui ne signifient rien autre chose que des espèces de félicitations que les membres se faisaient les uns aux autres ; c'est comme s'ils avoient dit, dans le style oriental de l'antiquité : vive à jamais le Parlement.

Les circonstances du monde changent continuellement, il en est de même des opinions des hommes ; et comme les gouvernements sont pour les vivants et non pas pour les morts, il n'y a que les vivants qui puissent y avoir droit. Ce qui parait bien et convenable dans un siècle, peut paraître mauvais et peu convenable dans un autre. En pareil cas, qui doit décider ? est-ce les vivants ou les morts ?

Comme il y a près de cent pages de l'ouvrage de M. Burke qui ne portent que sur ces clauses, il s'ensuivra que si ces clauses elles-mêmes, en tant qu'elles s'arrogent une domination usurpée sur la postérité pour toujours, ne sont d'aucune autorité, et sont même nulles par leur nature, le nombre de conséquences qu'il en tire et de déclamations qu'il fonde sur ces bases sont aussi nulles, et c'est-là où je m'en tiens.

Passons à présent plus particulièrement aux affaires de France. Il semble que l'ouvrage de M. Burke ait été écrit pour servir d'instruction à la Nation Française ; mais si je puis me servir d'une métaphore, extravagante à la vérité, quoique convenable à l'extravagance de l'auteur, ce sont les ténèbres qui veulent éclairer la lumière.

Pendant que j'écris ceci, il se trouve, par hasard devant moi, un projet de déclaration de droits, présenté par M. de la Fayette à l'Assemblée Nationale, le 11 Juillet 1789, trois jours avant la prise de la Bastille ; et je suis frappé du contraste qui se trouve entre les principes de ce dernier et ceux de M. Burke. Au lieu d'avoir recours à de vieilles paperasses et des parchemins vermoulus, pour prouver que les droits des vivants, sont anéantis, détruits et abdiqués à jamais en faveur de ceux qui n'existent plus, comme l'a fait M. Burke, M. de la Fayette s'adresse au monde vivant, et dit avec emphase : « Rappelez-vous les sentiments que la nature a gravés dans le cœur de chaque citoyen, et qui prennent une nouvelle force lorsqu'ils sont solennellement reconnus par tous les individus ; pour qu'une nation aime la liberté, il suffit qu'elle la connaisse ; et pour être libre, il suffit qu'elle le veuille ! » Que le terrain, sur lequel M. Burke travaille, est aride et sec ! que ses déclamations et ses arguments, quoique parsemés de fleurs, sont vagues et de peu d'efficacité, en comparaison de ces sentiments clairs, précis, et qui vont jusqu'à l'âme ! Quelque courts qu'ils soient, ils conduisent à un vaste champ d'idées mâles et généreuses et ne finissent pas, comme les périodes de M. Burke, en ne laissant que de l'harmonie dans les oreilles et rien dans le cœur.

Comme j'ai introduit M. de la Fayette sur la scène, je prendrai la liberté d'ajouter une anecdote sur son adresse d'adieux au congrès de l'Amérique en 1783, et qui, me revint à l'esprit lorsque je vis l'attaque fulminante de M. Burke sur la révolution Française. — M. de la Fayette passa en Amérique au commencement de la guerre, et resta comme volontaire au service des États-Unis jusqu'à la paix. Sa conduite pendant toute cette entreprise, est la plus extraordinaire que l'on puisse trouver dans l'histoire d'un jeune homme qui avait à peine vingt ans. Né dans un pays qui est comme le centre de tous les plaisirs, et avec les moyens d'en jouir, combien peu d'hommes auraient voulu, comme lui, changer cette scène brillante pour les déserts et les bois de l'Amérique, et passer leur plus belle jeunesse à affronter des dangers de toute espèce ! mais

Droits de l'homme

le fait existe. Lorsque la guerre fut terminée, et qu'il fut sur le point de prendre congé, il se présenta au congrès, et dans ses adieux affectionnés, ayant présent à l'esprit la révolution qu'il avait vue, il prononça ces paroles : *puisse ce grand monument élevé à la liberté servir de leçon à l'oppresseur et d'exemple à l'opprimé !* — Quand cette adresse parvint au docteur Franklin, alors en France, il s'adressa au Comte de Vergennes pour la faire insérer dans la Gazette de France ; mais il ne put jamais obtenir son consentement. C'est que le Comte de Vergennes était un despote chez lui, et craignait l'exemple de la révolution de l'Amérique en France, comme certaines personnes craignent à présent l'exemple de la révolution Française en Angleterre ; et le tribut des craintes de M. Burke [car c'est ainsi qu'il faut considérer son ouvrage] va de pair avec le refus du Comte de Vergennes. Mais revenons plus particulièrement à notre but.

« Nous avons vu (dit M. Burke) les Français se révolter contre un monarque doux et légitime avec plus de fureur, d'outrages et d'insulte qu'aucun peuple ne l'ait jamais fait contre le plus illégal usurpateur, ou le tyran le plus sanguinaire ». Voici un exemple, entre mille autres, par lequel M. Burke montre qu'il est tout-à-fait ignorant de l'origine et des principes de la révolution de France.

Ce ne fut pas contre Louis XVI, mais contre les principes despotiques du gouvernement que la Nation se révolta. Ces principes n'avoient point pris naissance sous son règne, mais dans l'origine de l'établissement, il y a plusieurs siècles ; ils étaient trop profondément enracinés, et l'étable d'Augias était trop sale, pour qu'on pût la nettoyer sans une révolution complète et universelle. Quand une chose devient nécessaire, il faut s'y livrer de toute son âme ou ne point la tenter.

Cette crise était alors arrivée, et il n'y avait point d'autre choix que d'agir avec une vigueur déterminée, ou de rester absolument tranquille.

On savait que le Roi était l'ami de la Nation, et cette circonstance fut favorable à l'entreprise. Jamais peut-être aucun homme élevé dans les principes d'un monarque absolu ne se trouva moins disposé à exercer ce genre d'autorité, que le Roi de France actuel. Mais les principes du gouvernement n'en étaient pas moins les mêmes. Le monarque et la monarchie étaient des choses différentes et séparées, et ce fut contre le despotisme de la dernière, et non pas contre la personne ou les principes du premier, que la révolte commença, et la révolution s'est effectuée.

Thomas Paine

M. Burke ne fait point de distinction entre *les hommes et les principes* ; en conséquence, il ne voit pas qu'on peut se révolter contre le despotisme des derniers, quoiqu'il n'y ait aucune accusation de despotisme contre les premiers.

La modération naturelle de Louis XVI ne pouvait aucunement changer le despotisme héréditaire de la monarchie ; toutes les tyrannies des règnes précédents pouvaient se renouveler sous ses successeurs. Ce n'était donc pas l'intervalle d'un règne qui pouvait satisfaire la France alors éclairée ; une *discontinuation* accidentelle de l'exercice du despotisme n'est point l'abolition de ses principes ; la première dépend de la vertu de la personne qui a le pouvoir immédiat, l'autre de la vertu et du courage de la Nation. En Angleterre, sous Charles I et sous Jacques II, la révolte fut contre le despotisme personnel de ces deux Rois ; au lieu qu'en France ce fut contre le despotisme héréditaire du gouvernement établi. Mais ceux qui, comme M. Burke, peuvent abandonner les droits de la postérité pour toujours sur l'autorité d'antiques parchemins, ne sont pas propres à juger cette révolution.

Elle embrasse un champ trop vaste pour que leur vue puisse s'étendre jusque là, et elle s'avance avec une force de raison qu'ils ne peuvent atteindre.

On peut considérer cette révolution sous différents points de vue. Lorsque le despotisme s'est établi pendant des siècles dans un pays, comme en France, ce n'est point dans la seule personne du Roi qu'il réside. Il parait, à la vérité, que le Roi ait toute l'autorité, et c'est en son nom qu'elle s'exerce ; mais dans le fait il n'en est pas ainsi. Chaque bureau, chaque département a son despotisme fondé sur l'usage et la coutume. Chaque place a sa bastille, et chaque bastille son despote. Le despotisme héréditaire, résidant dans le principe dans la personne du Roi, se divise et se subdivise en mille et mille formes, jusqu'à ce qu'enfin on l'exerce par procuration. Voilà quelle était la situation de la France, et il n'y a pas moyen d'obtenir justice contre cette sorte de despotisme qui marche à travers un labyrinthe immense de places jusqu'à ce que son origine devienne imperceptible. Il se fortifie en prenant l'apparence de devoir, et tyrannise sous prétexte d'obéir.

Quand on réfléchit sur la situation où était la France par la nature de son gouvernement, on trouve d'autres causes de révolte que celles qui ont des liaisons immédiates avec la personne et le caractère de Louis XVI. Il y avait, si je puis me servir de cette expression, à réformer en

France mille despotismes qui s'étaient élevés à l'ombre du despotisme héréditaire de la monarchie, et qui étaient tellement enracinés qu'ils en étaient pour ainsi dire indépendants. Il y avait une *rivalité* de despotisme entre la monarchie, le parlement et le clergé, outre le despotisme féodal qui opérait partiellement et le despotisme ministériel qui agissait partout. Mais M. Burke, en regardant le Roi comme le seul objet possible d'une révolte, parle comme si la France était un village dans lequel tout ce qui s'y passait, pouvait être connu de son gouverneur, et dans lequel il ne pouvait se commettre aucune oppression qu'il ne fût sur le champ en état de redresser. M. Burke aurait pu être toute sa vie à la bastille sous Louis XVI comme sous Louis XIV, et il était possible que ni l'un ni l'autre de ces monarques n'eût jamais su qu'il existait un M. Burke. Les principes despotiques du gouvernement étaient les mêmes sous les deux règnes, quoique les caractère des deux princes fussent aussi différents que ceux de la tyrannie et de la bienfaisance.

Le reproche que fait M. Burke à la révolution de France, [celui de la commencer sous un règne plus doux que le précédent] est ce qui fait plus d'honneur aux Français. Les révolutions qui ont eu lieu dans les autres pays de l'Europe ont été excitées par des haines personnelles. La fureur se portait sur le despote et il devenait victime. Mais en France nous voyons une révolution fondée sur l'examen réfléchi des droits de l'homme, et qui distingue dans l'origine les principes d'avec les personnes.

Mais il semble que M. Burke n'ait aucune idée des principes, lorsqu'il considère les gouvernements. « J'aurais félicité la France il y a dix ans, dit-il, de ce qu'elle avait un gouvernement, sans m'informer de la nature de ce gouvernement, ni de son administration ? » Est-ce donc là le langage d'un homme raisonnable ? Est-ce là le langage d'un homme qui prend l'intérêt qu'il doit prendre aux droits et à la félicité de l'espèce humaine ? Selon ces données M. Burke pourrait féliciter tous les gouvernements du monde sans s'inquiéter si les gouvernés, victimes du despotisme le plus affreux, sont vendus comme des esclaves ou exterminés dans les tourments. C'est le pouvoir et non pas les principes que M. Burke révère ; et sous l'influence de cette horrible dépravation, il n'est point propre à en juger. En voilà assez sur ses opinions relativement à la révolution de France ; je passe maintenant à d'autres considérations.

Je connais une place en Amérique que l'on appelle *le point sans point*, parce qu'à mesure qu'on s'avance le long du rivage, agréable et fleuri comme le style de M. Burke, il semble toujours se reculer et se présenter à une certaine distance devant vous ; mais lorsque vous êtes arrivé aussi loin que vous pouvez aller, il n'y a plus de point. Il en est de même des 366 pages de M. Burke ; c'est pourquoi il n'est guère facile d'y répondre. Mais comme on peut s'apercevoir du point ou de la base qu'il voudrait établir en voyant celle qu'il attaque, c'est dans ses paradoxes qu'il faut chercher des arguments.

Quant aux tableaux tragiques avec lesquels M. Burke se tourmente l'imagination en tâchant de monter celle de ces lecteurs, ils sont fort bien calqués pour des représentations théâtrales où les faits sont arrangés pour émouvoir les spectateurs et leur arracher des larmes par la faiblesse de la sympathie : mais M. Burke devrait se rappeler qu'il écrit une histoire et non pas des pièces de théâtre, et que ses lecteurs s'attendent à voir la vérité et non pas des hyperboles orientales ou des déclamations emphatiques.

Quand on voit un homme se lamenter d'une manière dramatique dans un ouvrage fait pour mériter la croyance, « de ce que le siècle de la chevalerie est passé ! dire que la gloire de l'Europe est perdue pour toujours ; que les grâces non salariées de la vie [1] [si on sait ce que cela veut dire] la défense peu coûteuse des nations, la pépinière des sentiments mâles et des entreprises héroïques sont anéanties ! » et cela, parce que le siècle des bêtises chevaleresques est passé ; quelle opinion pouvons-nous former de son jugement, ou quel égard pouvons-nous avoir aux faits qu'il cite ? Dans la rapsodie de son imagination, il a découvert un monde de moulins à vent, et il est affligé qu'il ne se trouve plus de Dons Quichottes pour les attaquer. Si le siècle de l'aristocratie, comme celui de la chevalerie, se passe, et ils avoient originairement quelques connections, M. Burke, le soutien de l'ordre, peut continuer sa parodie jusqu'à sa parfaite extinction, et finir par cette exclamation : « Othello n'a plus à présent d'occupation ».

Malgré les affreux tableaux de M. Burke, quand quand on compare la révolution de France à celle des autres pays, on est étonné que pour l'effectuer il ait fallu faire si peu de sacrifices ; mais l'étonnement cesse lorsqu'on fait attention que les objets de destruction étaient les *principes* et non pas les *personnes*. L'esprit de la Nation était aiguillonné par des motifs plus relevés que ceux que peut inspirer la considération des personnes, et cherchait une conquête plus grande que la chute d'un

---

[1] M. Burke veut sans doute parler de la Noblesse Française.

Droits de l'homme

ennemi. Dans le petit nombre de ceux qui périrent, il ne paraît pas qu'il y en ait eu un de précisément désigné. Leur sort fut l'affaire des circonstances du moment, et ils ne surent pas poursuivis avec cette vengeance sanguinaire et prolongée que l'on exerça sur les malheureux Écossais dans l'affaire de 1745.

Dans tout l'ouvrage de M. Burke, je ne vois pas qu'il ait fait plus d'une fois mention de la Bastille, ce fut même de manière à faire croire qu'il était fâché qu'elle fût renversée, et comme s'il eut désiré qu'on la rebâtît « Nous avons rebâti *Newgate*, dit-il, et nous y avons mis des habitants ; nous avons des prisons aussi fortes que la Bastille, pour ceux qui osent faire des libelles contre les Reines de France [1] ». Quant à ce qu'un fou, comme lord George Gordon, peut dire, à qui Newgate tient plutôt lieu des petites maisons que d'une prison, cela n'est point digne de l'attention d'un être raisonnable. C'était un fou qui faisait un libelle, et c'est en dire assez ; ce libelle fournit une occasion de le faire enfermer, et c'est ce que l'on désirait : mais il est certain que M. Burke qui ne se croit pas fou, quoiqu'on en puisse penser d'ailleurs, a libellé sans aucune provocation dans les termes les plus grossiers, et par les injures les plus vulgaires toute l'autorité représentative de France ; et cependant M. Burke est membre de la chambre des communes d'Angleterre ? Par la violence et le chagrin qu'il laisse paraître, le silence qu'il affecte sur quelques particularités, et ses excès sur d'autres, il est difficile de ne pas croire que M. Burke ne soit extrêmement fâché que le pouvoir arbitraire, le pouvoir du Pape, et la Bastille soient détruits.

Je ne vois pas dans tout son ouvrage un seul regard de compassion, une seule réflexion de pitié sur ceux qui traînaient une malheureuse existence, une existence sans espoir dans la plus misérable des prisons. Il est douloureux de voir un homme employer ses talents à se corrompre lui-même. La nature a été plus favorable envers M. Burke qu'il ne l'est envers la nature. La réalité de la misère ne l'émeut point, ne l'affecte aucunement, il n'a l'imagination frappée que de sa ressemblance en

---

[1] Depuis que ceci est écrit, je me rappelle de deux autres endroits dans le pamphlet de M. Burke où il fait mention de la bastille, mais de la même manière Dans l'un il en parle dans une espèce de question obscure, et demande : « aucun des ministres qui servent à présent un pareil Roi, avec même l'apparence de respect, obéira-t-il sincèrement lui ordres de ceux qu'il aurait pu, il y a quelques jours, faire conduire à la bastille en son nom ? » Dans l'autre, il en fait mention pour inculper les gardes Françaises d'avoir assisté à sa prise. Ils n'ont pas oublié, dit-il de prendre les châteaux du Roi à Paris ». — Et c'est là M. Burke qui prétend écrire sur la liberté constitutionnelle.

brodequins. Il déplore la perte du plumage, mais il oublie l'oiseau mourant. Accoutumé à baiser la main aristocratique qui ne lui permet pas de conserver son caractère primitif, il dégénère en une composition artificielle, et les vrais sentiments de la nature l'abandonnent. Il faut que son héros ou son héroïne soit une victime de tragédie qui expire avec éclat ; il ne fait point attention au malheureux ignoré que la mort enlève en silence dans les ténèbres d'un cachot.

Comme M.Burke n'a rien dit de l'assaire de la Bastille [et son silence ne lui est certainement pas favorable] et qu'il a entretenu ses lecteurs de faits supposé travestis en faussetés, je vais faire une courte relation de ce qui a précédé cette affaire. Elle servira à démontrer qu'il était impossible qu'un pareil événement arrivât avec moins d'accidents, si l'on considère d'un autre côté, les dispositions hostiles et traîtresses des ennemis de la révolution.

L'imagination peut à peine se figurer une scène plus effrayante que celle qu'offrait la ville de Paris au moment de la prise de la Bastille, et deux jours avant et après cette prise, ou concevoir la possibilité d'y voir sitôt l'ordre rétabli. Dans les pays éloignés, cette affaire n'a paru que comme un acte d'héroïsme, sans aucun rapport avec autre chose, et la liaison intime qu'elle avait avec la révolution s'est perdue dans l'éclat de l'action. Mais nous devons la regarder comme les forces des deux partis combattant corps à corps pour le gain de la bataille. La Bastille devait être la prise ou la prison des assaillants. Sa chute entraînait l'idée de la chute du despotisme ; et cette double image était figurativement aussi liée que celle du château de Bunian et du géant Désespoir [1] (a).

L'Assemblée Nationale, avant et pendant la prise de la Bastille, était à Versailles, à cinq lieues de Paris. Environ huit jours avant la révolte des Parisiens et la prise de la Bastille, on avait découvert qu'il se formait une conspiration, à la tête de laquelle était le Comte d'Artois, le plus jeune frère du Roi, pour ruiner l'Assemblée Nationale, en en saisissant les membres, et pour faire perdre, par ce moyen, tout espoir et toute perspective de former un gouvernement libre. Il est heureux pour l'amour

---

1 (a) *Bunyan's doubting castle and the gyant despair.* — Cette expression fait allusion à un ouvrage religieux Anglais fort célèbre intitulé : les Progrès du Pèlerin, ou *the Pilgrims progress*, écrit par Jean Bunyan, qui représente le Pèlerin tombant entre les mains d'un géant qu'il nomma le *géant Désespoir*, et qui emprisonna le Pèlerin dans son château. L'usage que fait M. Paine de cette similitude est pour montrer que la Bastille paraissait aux Parisiens comme le despotisme personnifié, et que la chute de l'un entraînait celle de l'autre.

Droits de l'homme

de l'humanité et pour celui de la liberté que ce projet n'ait pas réussi. Il ne manque point d'exemples pour prouver quelles vengeances cruelles horribles les anciens gouvernements prennent, lorsqu'ils réussissent à étouffer ce qu'ils appellent une révolte.

Il fallait qu'il y eut déjà du temps que ce projet fût médité ; parce que pour l'exécuter, il était nécessaire d'assembler une grande force militaire dans les environs de Paris, et de couper la communication entre cette ville et l'Assemblée Nationale, alors à Versailles. Les troupes destinées à ce service étaient principalement les troupes étrangères à la solde de la France, que l'on tira exprès des provinces éloignées où elles étaient alors en garnison. Lorsqu'on eut fait un rassemblement d'environ vingt-cinq ou trente mille hommes, on jugea qu'il était temps de mettre le plan à exécution. Les ministres alors en place qui étaient amis de la révolution, furent renvoyés en un instant, et on forma un nouveau ministère des hommes qui avoient concerté le projet ; parmi lesquels était le Comte de Broglie, qui eut le commandement de cette armée. Le caractère de cet homme, selon qu'on me l'a dépeint dans une lettre que je communiquai à M. Burke avant que celui-ci eût commencé son livre, et M. Burke savait bien que cette autorité était bonne, était celui « d'un grand aristocrate, flegmatique et capable de suivre les mesures les plus pernicieuses ».

Tandis que tout cela s'agitait, l'Assemblée Nationale se trouvait dans la situation la plus critique. Ses membres étaient les victimes désignées, et ils le savaient. Ils avoient en leur faveur les cœurs et les souhaits de leurs concitoyens, mais ils n'avoient aucune autorité militaire. Les soldats du Maréchal de Broglie entouraient la salle où ils s'assemblaient, prête au premier signal à s'emparer de leurs personnes, comme on avait saisi, l'année précédente ; les membres du Parlement de Paris. Si l'Assemblée Nationale avait abandonné son poste, ou si elle avait montré des signes de faiblesse ou de crainte, ses ennemis se seraient enhardis, et le pays aurait été opprimé.

Lorsqu'on considère la situation des membres de cette Assemblée, la cause dans laquelle ils étaient engagés, et la crise dans laquelle ils se trouvaient qui allait décider de leur destinée personnelle et politique, de celle de leur patrie, et probablement de toute l'Europe ; lors, dis-je, qu'on rapproche toutes ces images sous un point de vue, il faut être aveuglé par le préjugé ou avoir renoncé à son indépendance pour ne pas s'intéresser à leur succès.

Thomas Paine

L'Archevêque de Vienne était alors Président de l'Assemblée Nationale ; cet homme était trop vieux pour soutenir les événement qui pouvaient survenir d'un moment à l'autre.

Il fallait quelqu'un de plus actif et de plus hardi ; l'Assemblée Nationale choisit sous la forme de Vice-Président, (et c'est la seule fois qu'il y ait eu un Vice-Président) M. de la Fayette. Ce fut au moment où l'orage était en l'air (le 11 Juin) que M. de la Fayette présenta sa déclaration de droits, la même dont j'ai fait mention, page 10. Ce projet de déclaration avait été fait à la hâte, et n'est qu'une partie d'une déclaration plus étendue, adoptée ensuite par l'Assemblée Nationale. M. de la Fayette m'a dit depuis que la raison particulière qui la lui avait fait présenter dans ce moment, était pour que quelques traces des principes de l'Assemblée Nationale pussent survivre à ses débris, en cas qu'elle fût elle-même destinée à périr dans la tempête qui la menaçait.

Tout était alors dans la crise. L'événement allait décider du sort des François ; le résultat était l'esclavage ou la liberté. D'un côté une armée de près de trente mille hommes, de l'autre un corps de citoyens sans armes ; car les citoyens de Paris, sur lesquels seuls l'Assemblée Nationale pouvait alors compter, étaient aussi peu armés et aussi mal disciplinés que les citoyens de Londres le sont aujourd'hui. Les gardes-Françaises avoient paru attachés à la cause de la Nation ; mais ils étaient en petit nombre ; ils ne formaient pas la dixième partie de l'armée de Broglie, et leurs officiers étaient de son parti.

Tout étant mûr pour l'exécution, les nouveaux ministres parurent en place. Le lecteur doit faire attention que la bastille fut prise le 14 Juillet, et que je parle à présent du douze du même mois. Lorsque la nouvelle d'un changement de ministère fut parvenue à Paris, [vers le midi] on fit défendre les spectacles, toutes les boutiques surent fermées ; on regarda le changement de ministère comme le prélude des hostilités, et cette opinion était bien fondée.

Les troupes étrangères commencèrent à s'avancer vers la ville. Le prince de Lambesc, qui commandait un corps de cavalerie Allemande, s'approcha du côté de la place Louis XV. Dans sa marche il insulta et frappa un vieillard. Les français sont remarquables par leur respect pour les vieilles gens ; l'insolence avec laquelle le coup avait été porté, jointe à la fermentation générale du peuple, produisit un effet considérable ; on cria *aux armes ! aux armes !* et ce cri se répandit en un instant d'un bout de Paris à l'autre.

Droits de l'homme

Il n'y avait point d'armes ni presque personne qui en connût l'usage ; mais une résolution désespérée, lorsqu'il y va de tout ce que l'on a de plus cher, supplée pendant quelque temps au manque d'armes. Près de l'endroit où étaient les troupes du prince de Lambesc, il y avait de grands monceaux de pierres pour bâtir le pont louis XVI ; le peuple attaqua la cavalerie avec ces pierres. Une partie des gardes-Françaises entendant tirer, sortit de ses quartiers, et joignit le peuple ; la nuit survint, et la cavalerie se retira.

Les rues de Paris sont étroites et conséquemment plus susceptibles de défense ; les maisons y sont fort élevées, et de leurs différents étages on pourrait faire beaucoup de mal à des troupes qui s'avanceraient sans préalablement faire évacuer ; ces deux circonstances empêchèrent, peut-être, qu'on ne rendît une visite nocturne aux Parisiens, qui profitèrent de la nuit pour s'armer de tout ce qu'ils purent se procurer ; de fusils, d'épées, de marteaux, de haches, de piques, de hallebardes, de fourches, de broches, de massues, etc. etc. Le nombre incroyable d'hommes armés de cette manière qui parut le lendemain, et la résolution déterminée qu'ils firent paraître, embarrassèrent leurs ennemis. Le nouveau ministère ne s'attendait guère à un pareil salut. Accoutumés eux-mêmes à l'esclavage, les ministres n'avoient point d'idée que la liberté fût capable d'une pareille inspiration, ou qu'un corps de citoyens sans armes osât faire face à une armée de trente mille hommes. Tous les moments du 13 Juillet furent employés à se procurer des armes, à former des plans et à mettre les choses dans le meilleur ordre possible, autant qu'un mouvement si subit pouvait le permettre. Broglie resta dans les environs de Paris, mais ne fit point avancer ce jour-là de troupes vers la ville, et la nuit suivante se passa aussi tranquillement qu'on pouvait l'espérer dans cet état de choses,

La défensive n'était cependant pas le seul objet des citoyens. Il s'agissait d'une cause de laquelle dépendait leur liberté ou leur esclavage. Ils s'attendaient à tous moments à être attaqués ou à apprendre que l'Assemblée Nationale l'était, et dans une pareille situation les mesures les plus promptes sont quelquefois les meilleures. Le premier objet qui se présenta alors, fut la bastille ; la prise d'une telle forteresse, en présence d'une armée formidable, ne pouvait pas manquer d'inspirer de la terreur aux nouveaux Ministres qui avoient à peine eu le temps de s'assembler. Par des lettres interceptées, on découvrit le matin du 14, que le Prévôt des Marchands, [ce qui répondait alors au Maire de

Paris], M. de Flesselles, qui paraissait être du parti des citoyens, les trahissait, et par cette découverte on apprit que Broglie devait renforcer la Bastille la nuit suivante. Il fallait donc l'attaquer ce jour-là ; mais avant de l'entreprendre, il était nécessaire de se procurer un meilleur supplément d'armes.

Il y avait près de la ville un grand magasin. d'armes à l'hôtel des invalides que les citoyens sommèrent de se rendre ; comme la place n'était point forte et qu'elle ne fit point de résistance, ils réussirent. Avec ce supplément on marcha à la bastille ; c'était une multitude de tout âge de tout description, armée de toutes sortes d'armes. Il est impossible à l'imagination de se former une idée d'une pareille procession, ni l'inquiétude où l'on se trouvait sur les événements que quelques heures ou quelques minutes pouvaient produire.

Les citoyens de Paris ne savaient pas plus quels plans les ministres formaient que les ministres ne savaient ce que faisaient les citoyens ; la ville ignorait également quels mouvements Broglie pourrait faire pour secourir la place. Tout était mystère et hasard.

Un événement dont tout le monde est parfaitement instruit, c'est que la bastille fut attaquée avec un enthousiasme que l'amour seul de la liberté peut inspirer, et emportée dans l'espace de quelques heures ?Mon dessein n'est pas d'entrer dans les détails de l'attaque ; mais de mettre sous les yeux du public la conspiration qui y a donné lieu et qui tomba avec la bastille.Il était bien juste que la prison à laquelle le nouveau ministère destinait l'Assemblée Nationale devint un premier objet d'attaque, quand ce n'aurait pas été d'ailleurs le maître-autel et le château fort du despotisme. Cette entreprise détruisit le nouveau ministère. Chacun de ceux qui le composaient fut alors occupé des moyens d'éviter la ruine à laquelle il avait destiné les autres. Les troupes de Broglie se dispersèrent, et lui-même s'enfuit avec elles.

M. Burke a beaucoup parlé de complots ; mais il n'a pas dit un mot de cette conspiration contre l'Assemblée Nationale et contre la liberté de la Nation ; et afin de ne pas le faire, il a passé toutes les circonstances qui pouvaient l'y ramener. Les réfugiés Français au sort desquels il prend tant d'intérêt et de qui il tient sa leçon, ne se sont enfuis qu'à cause du manque de succès de cette conspiration. Il n'y eut aucune conspiration de formée contre eux, c'étaient eux au contraire qui conspiraient contre les autres ; et ceux qui périrent, trouvèrent avec justice la peine qu'ils préparaient aux autres. Mais M. Burke dira-t-il que si cette conspiration, formée avec tout l'art d'une embuscade, avait réussi, le parti dominant eût sitôt arrêté sa colère ? Que l'histoire de tous les anciens Gouvernements réponde à cette question.

Qui sont ceux que l'Assemblée Nationale a fait conduite à l'échafaud ? personne. Les membres qui la composent étaient eux-mêmes désignés et ils n'ont point fait usage de la loi du talion ; pourquoi donc sont-ils accusés d'une vengeance qu'ils n'ont point prise ? Dans l'insurrection terrible de tout un peuple, où toutes les classes et tous les caractères sont confondus et se délivrent par des efforts merveilleux de la ruine méditée contre eux, peut-on s'attendre qu'il n'arrivera rien d'extraordinaire ? Lorsque des hommes déjà aigris par le sentiment de l'oppression, sont encore menacés d'éprouver de nouveaux griefs, doit-on s'attendre à trouver chez eux le calme de la philosophie ou la paralysie de l'insensibilité ? M. Burke se plaint des outrages ; et cependant c'est lui qui a commis les plus grands.

Son ouvrage est un volume d'outrages, dont il ne peut s'excuser sur l'impulsion du moment, mais qu'il a nourris pendant l'espace de dix mois ; cependant M. Burke n'avait point de provocation, il n'y allait ni de sa vie, ni de ses intérêts.

Il périt plus des citoyens dans la contestation que de ceux qui s'opposaient à eux. Il n'y eut que quatre ou cinq personnes qui furent saisies par la populace et mises à mort sur le champ ; le gouverneur de la bastille et le prévôt des marchands, que l'on avait découvert dans un acte de trahison ; et ensuite Foulon, l'un des nouveaux ministres, et Berthier son beau-fils, qui était intendant de Paris. Leurs têtes furent mises sur des piques et promenées par la ville ; et c'est sur ce genre de punition que M. Burke bâtit une grande partie de sa scène tragique. Examinons donc comment l'idée d'un pareil genre de supplice put venir à ces gens là.

Les hommes prennent ordinairement l'habitude de ce qu'ils voient faire dans les gouvernements sous lesquels ils vivent, et rendent aux autres les punitions qu'ils sont accoutumés de voir. Les têtes plantées sur des piques, qui restèrent pendant bien des années sur *Temple-bar*, n'offraient pas une scène moins horrible que les têtes promenées sur des piques à Paris ; cependant ce genre de punition avait été exercé par le gouvernement Anglais. On dira, peut-être, que tout ce que l'on peut faire à un homme après sa mort lui est fort indifférent ; mais ce n'est pas indifférent pour les vivants. Cela tourmente leur sensibilité ou les endurcit ; et dans l'un ou l'autre cas, leur apprend à punir quand le pouvoir est entre leurs mains.

Coupez donc l'arbre par la racine, et enseignez l'humanité aux Gouvernements. C'est leurs punitions sanguinaires qui corrompent le genre humain. En Angleterre la punition, en certains cas, est d'être, *pendu, tiré à quatre chevaux et écartelé* ; on arrache le cœur du patient et on l'expose à la populace. En France, sous l'ancien Gouvernement, les punitions n'étaient pas moins barbares. Qui ne se souvient pas de l'exécution de Damiens qui fut tiré à 4 chevaux etc. etc. ? Les effets que produisent ces spectacles cruels, montrés à la populace, c'est de détruire la tendresse et d'exciter la vengeance ; et en adoptant les idées basses et fausses de conduire les hommes par la terreur au lieu de les convaincre par la raison, on laisse des exemples. C'est sur la plus basse classe du peuple que les Gouvernements veulent opérer par la terreur, et c'est sur cette classe que ces moyens produisent les plus mauvais effets. Ce gens-là ont assez de bon sens pour sentir que c'est pour eux que l'on montre ces supplices ; et ils infligent à leur tour ces exemples de terreur auxquels leurs yeux sont accoutumés.

Il y a dans tous les pays de l'Europe une classe nombreuse d'hommes désignée par le nom de *populace* ; ce sont de gens de cette classe qui furent coupables des incendies et des dégâts commis dans Londres en 1780 ; et ce sont aussi des gens de cette classe qui portèrent dans Paris les têtes sur des piques. Foulon et Berthier furent pris à la campagne et envoyés à Paris pour être examinés à l'Hôtel-de-Ville ; mais la populace, irritée à la vue de Foulon et de Berthier, les arracha des mains de ceux qui les gardaient et les exécuta sur la place de Grève. Pourquoi donc M. Burke accuse-t-il une Nation entière d'avoir commis des outrages de cette nature ? Il aurait aussi bien pu accuser tous les habitants de Londres des émeutes et des excès qui eurent lieu dans cette ville en 1780, ou ses propres compatriotes des outrages commis en Irlande.

Tout ce que nous voyons ou ce que nous entendons qui heurte notre sensibilité et qui dégrade le caractère de l'homme, devrait nous conduire à faire des réflexions et non pas des reproches. Les êtres mêmes qui s'en rendent coupables, ont quelque droit à notre considération. Comment arrive-t-il qu'une classe d'hommes désignée par le nom du *vulgaire* ou de *la populace*, soit si nombreuse dans les anciens pays ? Du moment que nous faisons cette question, la réflexion nous fournit une réponse. C'est une conséquence de la mauvaise construction de tous les anciens

Gouvernements de l'Europe, sans en excepter celui d'Angleterre. C'est en élevant quelques hommes d'une manière gigantesque, que d'autres sont si cruellement abaissés jusqu'à ce que tout sorte de la nature. On fait ignominieusement servir aux ombres du tableau humaine une vaste multitude de l'espèce pour faire ressortir dans un plus grand jour les marionnettes de l'état et l'aristocratie. Dans le commencement d'une révolution, cette multitude suit plutôt le *camp* que l'*étendard* de la liberté, et n'est pas encore instruite à la respecter.

En accordant même à M. Burke que toutes les exagérations théâtrales soient des faits, je lui demande s'ils n'établissent pas la preuve de ce que j'avance ? En admettant que ses récits soient exactement vrais, ils prouvent la nécessité d'une révolution en France, autant que toute autre chose aurait pu la prouver. Ces outrages ne furent point les effets des principes de la révolution, mais de l'esprit de dégradation qui existait avant la révolution et que la révolution doit reformer. Attribuez-les donc à leurs vraies causes, et accusez-en ceux de votre parti.

Ce qui fait honneur à l'Assemblée Nationale et à la ville de Paris, c'est que pendant cette scène terrible de confusion, où l'autorité n'avait aucun pouvoir, elles aient été capables, par l'influence de l'exemple et de l'exhortation d'arrêter le torrent. Jamais on ne prit plus de peine pour instruire et éclairer l'espèce humaine, et pour faire voir au peuple que son intérêt consistait dans sa vertu et non pas dans sa vengeance, que l'on en prit dans la révolution de France. Je vais maintenant faire quelques remarques sur la relation que donne M. Burke de l'expédition de Versailles, la nuit du 5 au 6 Octobre.

Je ne puis guère regarder l'ouvrage de M. Burke que comme un drame ; et il doit lui-même l'avoir considéré comme tel par les licences poétiques qu'il s'est permises, d'omettre des faits, d'en défigurer d'autres, et d'arranger toute la machine pour produire un effet de théâtre. Sa relation de l'affaire de Versailles est de ce genre. Il commence cette relation en omettant les seuls faits véritablement connus pour les premières causes de cette expédition ; tout, outre ces faits, n'est que conjecture, même dans Paris ; et il fait ensuite une histoire conforme à ses passions et à ses préjugés.

On doit observer que M. Burke, dans tout son ouvrage, ne dit pas un mot de complots contre la révolution, et c'est de ces complots que tout le mal a pris sa source. Il lui est apparemment plus convenable de rapporter les conséquences sans parler des causes : c'est en quoi consiste l'art dramatique. Si on faisait paraître les crimes des hommes avec leurs souffrances, les effets du théâtre seraient souvent perdus, et les auditeurs pourraient être enclins à approuver, tandis qu'on a dessein d'exciter leur pitié.

Malgré toutes les recherches faites pour découvrir le nœud de cette affaire compliquée, (l'expédition de Versailles) elle reste enveloppée dans cette espèce de mystère qui accompagne toujours des événement plutôt produits par un concours de circonstances bizarres que par un dessein prémédité. Pendant qu les caractères se forment, comme cela arrive toujours dans les révolutions, il y a des soupçons réciproques, et les esprits sont disposés à se soupçonner les uns les autres ; et les parties même diamétralement opposés en principes, concourent souvent à exciter les mêmes mouvements avec des vues différentes, et dans l'espérance qu'ils produiront des conséquences différentes.

On peut découvrir beaucoup de choses de cette nature dans cette affaire entortillée, et cependant l'issue en fut telle que personne ne se l'était imaginé.

Les seules choses dont on ait une connaissance certaine, c'est qu'il y avait beaucoup d'inquiétudes à Paris ; à cause du délai qu'apportait le Roi à sanctionner et à envoyer les décrets de l'Assemblée Nationale, particulièrement celui de la *déclaration des droits de l'homme* et les décrets du *4 Août*, qui contenaient les bases sur lesquelles la Constitution devait être établie. La conjecture la plus favorable et peut-être la plus juste que l'on puisse former sur ce sujet, c'est que quelques-uns des Ministres avoient dessein de faire des remarques et des observations sur certains endroits de ces décrets, avant de les faire sanctionner et de les envoyer dans les provinces ; mais quoi qu'il en soit, les ennemis de la révolution conçurent beaucoup d'espérance de ce délai, et il causa de l'inquiétude aux amis de la révolution.

Pendant cet intervalle, les Gardes-du-Corps, régiment composé d'hommes fort liés avec la Cour, donnèrent un repas à Versailles [le premier Octobre] à quelques régiments nouvellement arrivés ; et au milieu du repas, à un signal donné, les Gardes-du-Corps arrachèrent de leurs chapeaux la Cocarde Nationale, la foulèrent aux pieds et la remplacèrent par une autre Cocarde qu'ils avoient dans leur poche [1]. <u>Une indignité de</u> cette nature équivalait à une déclaration de guerre,

---

[1] Le Traducteur ne garantit aucunement la vérité de cette assertion ; c'est à M. Paine à en répondre.

Droits de l'homme

et lorsqu'on donne un cartel, on doit s'attendre aux conséquences qui peuvent en résulter. Mais M. Burke n'a point du tout fait paraître ces faits.Il commence sa relation en disant : « L'histoire rapportera que le matin du 6 Octobre 1789, le Roi et la Reine de France, après un jour de confusion, d'alarmes, de craintes et de carnage, étaient couchés sous la sécurité de la foi publique, pour satisfaire aux besoins de la nature par un répit de quelques heures et un sommeil plein de mélancolie ». Ce n'est point là le style impartial de l'histoire ni le but qu'elle se propose. M. Burke laisse tout à deviner, il induit même en erreur. On croirait au moins qu'il y a eu une bataille ; probablement il y en aurait eu une, si elle n'avait été prévenue par la prudence de ceux que M. Burke enveloppe dans sa censure. En laissant les Gardes-du-Corps derrière la scène, M. Burke s'est servi de la licence dramatique de mettre le Roi et la Reine à leur place, comme si l'objet de l'expédition avait été contre eux. — Mais continuons notre relation.

Cette conduite des Gardes-du-Corps, comme on devait s'y attendre, alarma et irrita les Parisiens. Les Cocardes de la cause et la cause même avoient trop de rapport pour qu'on ne s'aperçût pas de l'intention de l'insulte, et les Parisiens résolurent d'en demander raison aux Gardes-du-Corps. Il n'y avait certainement rien de la poltronnerie d'un assassinat en marchant en plein jour pour demander satisfaction, si on peut se servir de cette expression, à un corps d'hommes armés qui avoient volontairement jeté le gantelet. Mais ce qui jette beaucoup d'obscurité sur cette affaire, c'est que les ennemis de la révolution paraissent l'avoir excitée ainsi que ses amis. Les uns espéraient empêcher une guerre civile en arrêtant les choses dans leur principe, et les autres croyaient en susciter une.

L'espoir du parti opposé à la révolution était de mettre le Roi de son côté et de le conduire à Metz, où on aurait rassemblé des forces et planté l'étendard. Il se présente donc en même temps deux objets différents et qui devaient s'effectuer par les mêmes moyens : l'*un*, de châtier les *gardes-du-corps*, qui était l'objet des Parisiens ; l'autre, d'engager le Roi, par la confusion d'une pareille scène, à partir pour, Metz, qui était celui des ennemis de la révolution.

Le 5 Octobre, une foule nombreuse de femmes et d'hommes habillés en femmes se rassemblèrent sur la place de l'hôtel-de-ville et partirent pour Versailles. L'objet avoué de leur voyage était les *gardes-du-corps* ; mais les gens prudents savent bien qu'il est plus aisé de commencer que d'arrêter le désordre ; et cette réflexion eut d'autant plus d'effet sur leur esprit dans cette occasion, que les soupçons dont j'ai fait mention existaient déjà ; et que l'irrégularité de cette cavalcade en excitait d'autres. C'est pourquoi aussitôt qu'on eut pu rassembler des forces suffisantes, M. de la Fayette, par ordre de l'autorité, se mit à leur suite à la tête de vingt mille hommes de la Garde Nationale de Paris. La révolution ne pouvait tirer aucun avantage du désordre, au lieu qu'il pouvait être utile à ses ennemis. Par son affabilité et son adresse, il avait jusqu'ici été assez heureux pour calmer les inquiétudes avec beaucoup de succès ; c'est pourquoi, pour frustrer les espérances de ceux qui auraient pu chercher à tirer parti de cette scène pour justifier la nécessité de faire partir le Roi pour Metz, et pour prévenir en même temps les conséquences qui pourraient s'ensuivre d'un combat entre les gardes-du-corps et cette phalange d'hommes et de femmes, il dépêcha des courriers au Roi pour l'informer qu'il s'avançait vers Versailles par ordre de la commune de Paris, afin de maintenir la paix, et pour lui représenter en même temps la nécessité d'empêcher les gardes-du-corps de tirer sur le peuple [1].

Il arriva à Versailles entre dix et onze heures du soir, il trouva les *gardes-du-corps* en bataille, et la populace arrivée quelque temps auparavant ; mais tout était resté en suspens. M. de la Fayette devint le médiateur des deux partis furieux ; et le Roi, pour calmer les inquiétudes qu'avait occasionnées le délai ci-devant mentionné, envoya chercher le Président de l'Assemblée Nationale, et signa la *déclaration des droits de l'homme*, et tous les autres décrets qui étaient prêts.

Il était alors une heure du matin. Tout paraissait tranquille, et il y eut des félicitations générales ; on publia au son du tambour que les citoyens de Versailles donnassent l'hospitalité à leurs concitoyens de Paris. Ceux qui ne purent pas trouver place, restèrent dans la rue ou se retirèrent dans les églises ; et à deux heures le Roi et la Reine se retirèrent.

Les choses restèrent en cet état jusqu'au point du jour, lorsqu'il arriva un nouveau désordre par la conduite fort blâmable de quelques personnes des deux partis ; car il y a toujours des êtres de ce caractère dans les scènes semblables. Un garde du corps parut à l'une des fenêtres du château, et le peuple qui était resté toute la nuit dans la rue le provoqua par des injures. Au lieu de se retirer, comme la prudence l'exigeait, il présenta ses armes, tira et tua un Garde National. La paix étant ainsi

---

[1] Je tiens ceci de M. de la Fayette, avec qui je suis en relation d'amitié depuis quatorze ans.

Droits de l'homme

rompue, le peuple se précipita dans, le palais pour y chercher l'agresseur. Ceux qui étaient entrés attaquèrent les quartiers des gardes-du-corps, et les poursuivirent de chambre en chambre jusqu'aux appartements du Roi.

Ce tumulte n'avait pas éveillé et alarmé la Reine seule, comme M. Burke l'a représenté, mais toutes les personnes du château, et M. de la Fayette fut encore une fois obligé d'interposer sa médiation entre les deux partis : le résultat fut que les gardes-du-corps arborèrent la cocarde Nationale, et l'assaire se termina là, avec la perte de deux ou trois hommes.

Vers la fin de cette scène, le Roi et la Reine se montrèrent au public à leur balcon, et ni l'un ni l'autre ne fut obligé de se cacher pour être en sûreté, comme M. Burke veut l'insinuer. Le tumulte étant ainsi apaisé et la tranquillité rétablie il y eut un cri général de *le Roi à Paris, le Roi à Paris* ; ce fut le cri de la paix, et le Roi l'accepta sur le champ. Par cette mesure, tout projet futur d'enlever le Roi pour le mener à Metz, et d'élever son étendard en opposition à la constitution fut détruit, et tous les soupçons s'évanouirent. Le Roi et sa famille arrivèrent le soir à Paris, et furent complimentés à leur arrivée par monsieur Bailli, maire de Paris, au nom des citoyens. M. Burke qui, dans tout son livre, confond les choses, les personnes et les principes, a aussi dans ses remarques sur l'adresse de M. Bailli confondu le temps. Il censure M. Bailli d'avoir appelé ce jour un *beau jour*. M. Burke aurait dû être instruit que cette scène dura deux jours : le jour où elle commença avec toute l'apparence du danger et des plus grands maux, et le jour où elle se termina sans qu'aucun des malheurs que l'on craignait arrivât ; et c'est à cette heureuse issue et à l'arrivée du Roi à Paris que M Bailli fait allusion. Il n'y avait pas moins de trois cents mille âmes, dans cette procession de Versailles à Paris, et il n'y eut pas un seul acte d'hostilité dans toute la marche.

M. Burke, sur l'autorité de M. Lally-Tollendal, déserteur de l'Assemblée Nationale, dit, qu'en entrant dans Paris le peuple cria : « *tous les évêques à la lanterne.* » Il est surprenant que personne n'ait entendu cela que M. Lally-Tollendal, et que personne ne l'ait cru que M. Burke. Cela n'a point de connexion avec aucune partie de cette affaire et n'a pas de rapport avec la moindre circonstance de cette journée. M. Burke n'avait pas encore fait paraître les évêques dans aucune scène de son drame ? Pourquoi donc les présente-t-il subitement, et tous ensemble ? M. Burke fait paraître ses évêques et sa lanterne comme les figures d'une lanterne magique, et relève ses scènes par des contrastes au lieu de liaisons : mais cela sert à montrer, ainsi que le reste de son livre, combien peu de foi on doit ajouter à des ouvrages où l'on n'a pas même égard aux probabilités pour calomnier ; et avec cette réflexion, au lieu d'un soliloque à la louange de la chevalerie, comme l'a fait M.Burke, je termine la relation de l'affaire de Versailles.

Il me reste à présent à suivre M. Burke à travers l'absurdité impénétrable de rapsodies, et une espèce de sermon sur les Gouvernements, dans lequel il avance ce qu'il lui plaît, en présumant qu'on y ajoutera foi, quoiqu'il n'offre aucun argument ni aucune raison pour prouver ce qu'il avance.

Avant de pouvoir traiter un sujet, on pose des bases, des principes ou des données dont on tire ses conséquences. M. Burke, avec ses outrages accoutumés, attaque la *déclaration des droits de l'homme*, publiée par l'Assemblée Nationale de France comme la base sur laquelle la constitution devait être bâtie. Il l'appelle « de *mauvaises feuilles de papier* sur les droits de l'homme ». M. Burke a-t-il dessein de nier que l'*homme* ait des droits ! Si cela est, il faut qu'il dise qu'il n'y a point de droit nulle part, et qu'il n'en a pas lui-même ; car qu'y a-t-il dans le monde outre l'homme ? Mais si M. Burke admet que l'homme a des droits, la question sera alors de savoir quels sont ces droits, et comment l'homme les obtint dans l'origine.

L'erreur de ceux qui ne raisonnent que d'après les exemples tirés de l'antiquité, touchant les droits de l'homme, est de ne point descendre assez avant dans l'antiquité. Ils ne font pas tout le chemin. Ils s'arrêtent dans les espaces intermédiaires de cent ou de mille ans, et citent ce que l'on fit alors comme la règle de ce que l'on doit faire aujourd'hui. Ce n'est point là une autorité. Si nous allons plus avant dans l'antiquité nous trouverons qu'une opinion, et une coutume tout à fait contraires prévalaient ; et si l'antiquité peut servir d'autorité, on peut successivement produire mille autorités qui se contredisent l'une l'autre ; mais en continuant notre chemin nous trouverons la vérité, nous arriverons au temps où l'homme sortit des mains du créateur. Qu'était-il alors ? *homme* ; *homme* était son grand et seul titre, et on ne peut lui en donner un plus ancien : mais je parlerai des titres par la suite.

Nous voici donc arrivés à l'origine de l'homme et de ses droits. Quant à la manière dont le monde a été gouverné depuis ce temps-là jusqu'à présent, nous ne devons nous en embarrasser que pour profiter des erreurs et des améliorations que l'histoire nous offre. Ceux qui ont vécu il y a mille ans, étaient alors modernes comme nous le sommes aujourd'hui. Ils avaient leurs anciens, comme ces anciens en avaient d'autres, et nous deviendrons nous-mêmes anciens à notre tour. Si le seul nom de l'antiquité doit servir au gouvernement des affaires de la vie, les hommes qui doivent vivre dans cent ou mille ans d'ici peuvent aussi bien nous prendre pour modèles que nous prenons pour modèles ceux qui ont vécu, il y a cent ou mille ans. Le fait est que des portions de l'antiquité, en prouvant tout, ne prouvent rien. C'est partout autorité contre autorité, jusqu'à ce que nous arrivions à la divine source des droits de l'homme, au temps de la création. Là nos recherches trouvent un reposoir, notre raison un asile. S'il s'était élevé quelque dispute sur les droits de l'homme cent ans après la création, il aurait fallu remonter à cette source d'autorité ; c'est à cette même source qu'il nous faut aujourd'hui avoir recours.

Quoique mon dessein ne soit pas de toucher les principes de la religion d'aucune secte, cependant je crois pouvoir citer, comme digne d'observation., que la généalogie de Jésus-Christ remonte jusqu'à Adam. Pourquoi donc ne pas chercher les droits de l'homme au temps de la création de l'homme ? Je vais répondre à cette question, parce que des gouvernements usurpateurs se sont mis entre deux, et ont travaille à *détruire* l'homme.

Si aucune génération d'hommes posséda jamais le droit de dicter la forme par laquelle le monde serait gouverné à jamais, ce fut la première génération qui exista ; et si cette génération ne l'a pas fait, aucune génération ne peut montrer d'autorité pour le faire, ni en établir une. Le principe éclairé et divin de l'égalité de droit, [car il a son origine dans le Créateur de l'homme] a rapport non seulement aux hommes actuels, mais à toutes les générations passées et à venir. Chaque génération est égale en droits aux générations qui l'ont précédée, par la même règle que tout individu naît égal en droits à son contemporain.

Toutes les histoires de la création, toutes les traditions des gens de lettres et des gens non *lettrés*, quelque différente que soit leur opinion ou leur croyance sur certains objets, s'accordent s'établir un point fixe, *l'unité de l'homme* ; c'est-à-dire, que tous les hommes sont tous de même nature, conséquemment que tous les hommes naissent égaux, et avec un droit égal, de la même manière que si la postérité avait été continuée par la création, au lieu de l'être par la propagation, la dernière n'étant que le mode de perpétuer la première ; conséquemment tout enfant qui vient au monde doit être considéré comme tirant son existence de Dieu. Le monde est aussi nouveau pour lui qu'il l'était pour le premier homme qui existât, et ses droits naturels sont les mêmes.

La relation de la création par Moïse ; soit qu'on la regarde comme d'autorité divine, ou simplement comme l'autorité de l'histoire, confirme cette vérité, *l'unité ou l'égalité de l'homme*. Ses expressions ne sont susceptibles d'aucune contradiction ; « et Dieu dit : faisons l'homme à notre image. Il les créa à l'image de Dieu ; Il les créa mâle et femelle ». La distinction, de sexe est marquée, mais il n'y a pas même d'implication, d'aucune autre distinction. Si cette autorité n'est pas divine, c'est au moins l'autorité de l'histoire, et elle prouve que l'égalité de l'homme, loin d'être une doctrine moderne, est la plus ancienne du monde.

On doit aussi observer que toutes les religions connues sont fondées, quant à ce qui a rapport à l'homme, sur *l'unité de l'homme*, comme étant tous de la même nature. Quelque, part que l'homme soit supposé devoir exister après cette vie, soit au ciel, en enfer, ou ailleurs, elles ne distinguent que les *bons* et les *méchants*. Bien plus, les lois mêmes des gouvernements sont forcées de revenir à ce principe, en faisant consister la distinction dans les crimes et non pas dans les personnes.

C'est la plus grande de toutes les vérités, et il est très avantageux de la cultiver. En considérant l'homme sous ce point de vue, et en l'instruisant à le regarder ainsi lui même, on le place dans la relation la plus immédiate avec ses devoirs, soit envers le Créateur, soit envers la Création dont il fait partie, et ce n'est que lorsqu'il oublie son origine, ou, pour me servir d'une phrase plus à la mode, *sa naissance et sa famille* qu'il devient méchant. Ce n'est pas là un des moindres maux des gouvernements qui existent actuellement dans toutes les parties de l'Europe, que l'homme, considéré comme homme, soit laissé à une si grande distance de son Créateur, et que ce vide artificiel soit rempli par une succession de barrières à travers lesquelles il saut qu'il passe pour parvenir jusqu'à lui. Je vais citer le catalogue de barrières que M. Burke a élevées entre l'homme et son Créateur ; prenant le caractère d'un héraut, il dit : — « Nous craignons Dieu ; — nous regardons les rois avec une espèce de trémeur ; — les parlements avec affection ; — les magistrats avec devoir ; — les prêtres avec révérence ; — et la noblesse avec respect ». M. Burke a oublié d'y mettre *la chevalerie*, il a aussi oublié St.-Pierre.

Les devoirs de l'homme ne sont point un labyrinthe de barrières à travers lesquelles il doit passer de l'une à l'autre avec des cartes. Ils sont simples et clairs, et ne consistent qu'en deux points : ce qu'il doit à Dieu, ce que tout homme doit sentir, et de ne point faire à autrui ce qu'il ne voudrait pas qu'on lui fît. Si ceux à qui on délègue des pouvoirs font bien, ils seront respectés ; s'ils font mal, ils seront méprisés. Quant à ceux à qui aucun pouvoir n'a été délégué, mais qui l'usurpent, le monde raisonnable ne les connaît pas. Jusqu'ici nous n'avons parlé (et cela partiellement) que des droits naturels de l'homme ; nous avons maintenant à examiner ses droits civils et à montrer comment ils dérivent les uns des autres. L'homme n'est point entré en société pour être *pire* qu'il était auparavant, ni pour avoir moins de droits qu'il n'en avait, mais pour que ces droits lui fussent mieux assurés. Ses droits naturels sont la base de tous ses droits civils ; mais afin de suivre cette distinction avec plus de précision, il sera nécessaire de marquer les différentes qualités des droits naturels et des droits civils.

Je vais expliquer cela en peu de mots. Les droits naturels sont ceux qui appartiennent à l'homme en raison de son existence : de cette nature sont tous les droits intellectuels ou droits de l'esprit comme aussi tous ses droits d'agir comme individu, pour sa propre satisfaction et pour son bonheur, en tant qu'il ne blesse pas les droits naturels d'autrui. — Les droits civils sont ceux qui appartiennent à l'homme, en ce qu'il est membre de la société. Son droit civil a pour fondement quelque droit naturel existant déjà dans l'individu, mais dont son pouvoir individuel n'est pas suffisant dans tous les cas pour lui en procurer la jouissance : de cette nature sont ceux qui ont rapport à la sûreté et à la protection.

Par cette courte récapitulation, il sera facile de distinguer les droits naturels que l'homme conserve en entrant dans la société, et ceux qu'il jette dans la masse commune, comme membre de la société.

Les droits naturels qu'il retient sont ceux dont l'exécution dépend autant de lui que les droits eux-mêmes. De cette classe sont, comme je l'ai déjà dit, tous les droits intellectuels ou droits de l'esprit : en conséquence, la religion est un de ces droits. Les droits naturels qu'il ne retient pas sont ceux dont l'exécution n'est pas parfaitement en son pouvoir, quoique le droit soit inhérent en lui. Ils ne sont pas suffisants sans le secours de la société. Par exemple, un homme a le droit d'être juge dans sa propre cause ; et tant qu'il ne s'agit que des facultés de l'esprit, il ne le cède jamais : mais à quoi lui sert-il de juger, s'il n'a pas le pouvoir de redresser ? Il dépose donc ce droit dans la masse commune, et préfère la force de la société dont il est membre, à sa force individuelle. La société ne lui *accorde* rien : tout homme en société est propriétaire, et tire, de droit, sur la masse commune.

De ces prémices, on peut tirer trois conséquences certaines.

La première, que tout droit civil dérive d'un droit naturel, ou, pour me servir d'une autre expression, est un droit naturel échangé.

La seconde, que le pouvoir civil, considéré comme tel, est composé de la *réunion* de cette classe de droits naturels dont la jouissance n'est pas parfaitement au pouvoir de l'homme, et qui conséquemment lui deviendraient inutiles mais qui, réunis dans une espèce de foyer, sont utiles à chaque individu.

La troisième que le pouvoir produit par la réunion des droits naturels dont la jouissance n'est pas directement au pouvoir de l'homme, ne peut être employé à envahir les droits naturels que l'homme retient ; et dont la jouissance est autant en son pouvoir que le droit lui-même.

Nous avons donc en peu de mots fait passer l'homme de l'état de nature à celui de société, et fait connaître, ou au moins tenté da faire connaître les qualités des droits naturels retenus, et de ceux qui sont échangés pour des droits civils. Appliquons maintenant ces principes aux gouvernements.

En jetant les yeux sur l'étendue du globe il est sort aisé de distinguer les gouvernements qui ont pris leur origine dans un contrat social d'avec ceux qui ne l'ont pas prise ; mais pour placer cela dans un plus grand jour qu'il n'est possible de le faire dans un simple aperçu, il est à propos d'examiner les différentes sources d'où les gouvernements sont sortis, et sur quelles les bases ils ont été fondés.

On peut les diviser en trois classes. Premièrement, la superstition ; secondement, la force ; troisièmement, l'intérêt commun de la société et les droits de l'homme.

Le premier fut un gouvernement de prêtres ; le second de conquérants, et le troisième de la raison.

Quand des hommes artificieux prétendirent par la médiation des oracles entretenir une correspondance avec la divinité avec autant de familiarité qu'ils se glissent actuellement par des escaliers dérobés dans les cours de l'Europe, le monde fut complètement sous le gouvernement de la superstition. On consulta les oracles, et tout ce qu'on leur fit dire servit de loi ; cette forme de gouvernement dura tant que dura cette sorte de superstition.

Après cela, une race de conquérants survint dont le gouvernement, comme celui de Guillaume le Conquérant, fut fondé sur la force, et l'épée prit le nom de sceptre. Des gouvernements ainsi établis durent autant que la force qui les soutient dure ; mais afin de profiter de tous les moyens, les conquérants joignirent la ruse à la force, et élevèrent une idole qu'ils appelèrent *droit divin* ; cette idole, à l'imitation du saint père, qui affecte de dominer sur le temporel et le spirituel d'une manière contraire au fondateur de la Religion Chrétienne, se métamorphosa ensuite en une idole d'une autre forme, appelée *l'Église et l'État*. Les clés de Saint-Pierre et du trésor public se joignirent les unes aux autres, et la multitude étonnée adora l'invention.

Quand je contemple la dignité naturelle de l'homme ; quand je suis sensible à l'honneur et à la grandeur de son caractère, [car la nature n'a pas eu la tendresse d'émousser ma sensibilité] je m'irrite de ce qu'on tente de gouverner le genre humain par la force et par la fraude, comme si les hommes étaient des coquins ou des insensés, et je ne puis m'empêcher de regarder avec mépris ceux qui s'en laissent imposer de cette manière.

Nous avons à présent à examiner les gouvernements provenant des sociétés, par contraste à ceux qui tirèrent leur origine de la superstition et des conquêtes.

On a cru faire un grand pas vers l'établissement des principes de la liberté, en disant que le gouvernement était un contrat entre les gouverneurs et les gouvernés ; mais cela ne peut pas être vrai ; ce serait mettre l'effet avant la cause ; car comme les hommes ont dû exister avant les gouvernements, il y eut certainement un temps où les gouvernements n'existaient pas, et conséquemment il ne pouvait pas dans l'origine de choses y avoir de gouverneurs pour former un pareil contrat. Il faut donc que *les hommes eux-mêmes*, chacun selon son droit personnel et souverain, aient entré en contrat *les uns avec les autres*, pour former un gouvernement ; et c'est la seule méthode par laquelle les gouvernements ont droit de se former, et les seules base sur lesquelles ils ont droit d'exister.

Pour se faire une idée de ce que sont les gouvernements ou de ce qu'ils doivent être, il faut remonter à leur origine. Par ce moyen on découvrira aisément qu'il est absolument nécessaire que les gouvernements soient venus *du* peuple ou *sur* le peuple. M. Burke n'a point fait de distinction. Il ne remonte jamais à l'origine des choses, c'est pourquoi il confond tout ; mais il a manifesté son intention d'entreprendre dans quelque temps de faire une comparaison entre la constitution d'Angleterre et celle de France. Comme il en fait un sujet de controverse en jetant ainsi le gantelet, je le prends sur le temps ; c'est dans les grands défis que les grandes vérités ont droit de paraître ; et je l'accepte d'autant plus volontiers que cela me fournira en même temps une occasion de continuer le sujet des gouvernements provenant des sociétés.

Il sera d'abord nécessaire de définir ce que l'on entend par une *constitution*. Il n'est pas suffisant d'adopter le mot, il faut outre cela y attacher une signification.

Une *constitution* n'est donc pas un simple mot, mais une chose. Elle n'a pas une existence imaginaire, mais une existence réelle ; et là où on ne peut la produire sous une forme visible, il n'y en a pas. Une constitution est une chose antérieure à un gouvernement, et un gouvernement n'est que la créature d'une constitution. La constitution d'un pays n'est point l'acte de son gouvernement, mais celui de la Nation qui constitue un gouvernement. C'est le corps des éléments, auquel on peut s'en rapporter et que l'on peut quoter article par article ; qui contient les principes selon lesquels le gouvernement doit être établi, la manière dont il sera organisé, les pouvoir qu'il aura, le mode des élections, la durée des parlements, ou des autres assemblées de cette nature, quelques noms qu'on puisse leur donner ; les pouvoirs que la partie exécutrice du gouvernement doit avoir ; en un mot tout ce qui a rapport à l'organisation parfaite d'un gouvernement civil, et aux principes suivant lesquels il doit agir et par lesquels il doit être restreint. Une constitution est donc, par rapport à un gouvernement, ce que des lois faites ensuite par ce gouvernement sont par rapport à une cour de judicature. La cour de judicature ne fait point les lois et ne peut les altérer ; elle agit seulement d'une manière conforme aux lois établies, et le gouvernement est de même soumis à la constitution.

M. Burke peut-il donc produire la constitution Anglaise ? S'il ne le peut pas, on peut raisonnablement conclure que quoiqu'on en ait tant parlé, il n'y a rien de semblable à une constitution en Angleterre, qu'il n'y en eut jamais et que conséquemment il reste à la Nation une constitution à faire.

Droits de l'homme

M. Burke ne niera pas, je m'imagine, la position que j'ai avancée ; savoir, que les gouvernements venaient ou *du* peuple ou *sur* le peuple. Le gouvernement Anglais est un de ceux qui tira son origine d'une conquête, et non pas de la société. Conséquemment il vint *sur* le peuple ; et quoiqu'il ait été bien modifié, selon les circonstances, depuis Guillaume le Conquérant, le pays ne s'est jamais régénéré et n'a point de constitution.

Je vois bien les raisons qui empêchèrent M. Burke d'entrer en matière sur la comparaison des constitutions Anglaise et Française ; c'est que lorsqu'il voulut commencer cette tâche, il s'aperçut qu'il n'y avait point de constitution en Angleterre. Son ouvrage est certainement assez volumineux pour contenir tout ce qu'il pouvait dire sur ce sujet, et c'était la meilleure manière de mettre les lecteurs à portée de juger du mérite de l'une et de l'autre ? Pourquoi donc a-t-il omis la seule chose qui valût la peine d'être traitée ? C'était les meilleurs armes qu'il aurait pu prendre si l'avantage était de son côté ; mais les plus mauvaises en cas qu'il n'y fût pas ; et son refus de s'en servir est une preuve qu'une l'avait pas, ou qu'il ne pouvait pas le conserver.

M. Burke dit, l'hiver dernier, en parlement, que lorsque l'Assemblée Nationale s'assembla dans le principe en trois ordres, [le Tiers État, le Clergé et la Noblesse,] la France avait lors une bonne constitution. Cela prouve, entre une multitude d'autres circonstances, que M. Burke ne sait pas ce que c'est qu'une constitution. Les personnes ainsi assemblées n'étaient pas une *constitution*, mais une *convention* pour faire une constitution.

L'Assemblée Nationale actuelle de France est, à proprement parler, le pacte social personnel. Les membres qui la composent sont les délégués de la Nation dans son caractère *originel* ; les Assemblées futures seront composées des délégués de la Nation dans son caractère *organisé*. L'autorité de l'Assemblée actuelle diffère de l'autorité des Assemblées à venir. L'autorité de celle-ci est de faire une constitution ; l'autorité des autres sera de faire des lois selon les principes prescrits par cette constitution, et si l'expérience démontrait par la suite qu'il est nécessaire d'y faire des changements, des amendements ou des additions, la constitution marquera la méthode avec laquelle on peut les faire, et ne les laissera pas au pouvoir arbitraire des gouvernements futurs.

Un gouvernement fondé sur les principes sur lesquels les gouvernements émanés des sociétés sont établis, ne peut avoir le droit de se changer lui-même : s'il l'avait, il serait arbitraire, il pourrait le rendre ce qu'il voudrait ; et où il y a un pareil droit, cela prouve qu'il n'y a pas de constitution : L'acte par lequel le Parlement d'Angleterre s'autorisa à rester en activité pendant sept ans, montre qu'il n'y a pas de constitution dans ce pays-là.

Il aurait pu, selon les mêmes principes, s'autoriser à siéger pendant un plus grand nombre d'années ou pendant la vie de ses membres. Le bill que M. Pitt présenta au Parlement, il y a quelques années, pour réformer le Parlement, était calqué sur des principes aussi erronés. Le droit de réforme appartient à la Nation dans son caractère original ; et la méthode constitutionnelle de le faire serait par une convention choisie *ad hoc*. Il y a, outre cela, un paradoxe dans l'idée que des corps viciés puissent eux-mêmes se réformer.

De ces préliminaires je vais tirer quelques comparaisons. J'ai déjà parlé de la déclaration des droits ; et comme mon dessein est d'être aussi court que possible je passerai à d'autres parties de la constitution Française.

La constitution de France dit que tout homme qui paye un écu de taxe, a le droit d'être électeur. — Quel article M. Burke peut-il mettre en parallèle avec celui-ci ? Y a-t-il rien de plus limité et en même temps de plus bizarre que les qualités requises pour être électeur en Angleterre ! Je dis limité, parce qu'il n'y a pas un homme sur cent [et je suis assez exact] qui ait le droit de voter : bizarre, parce que les hommes les plus vils, et qui n'ont pas même les moyens visibles d'une existence honnête, sont électeurs dans certains endroits ; tandis que dans d'autres, ceux qui payent beaucoup de taxes et qui jouissent d'une réputation honnête, le fermier qui a une ferme de trois ou quatre cents louis par an, avec une propriété sur cette ferme de trois ou quatre fois cette valeur, ne sont pas admis comme électeurs. Tout est hors de la nature, comme le dit M. Burke dans une autre occasion, dans cet étrange chaos, et on y voit un mélange bizarre de toutes sortes de folies et de toutes sortes de crimes. Guillaume le Conquérant et ses descendants divisèrent le pays de cette manière, et en corrompirent une partie en lui donnant des chartres pour tenir l'autre partie plus soumise à leur volonté. Voilà la raison pourquoi il y a tant de ces chartres dans le comté de Cornouailles. Le peuple n'aimait pas la forme de gouvernement établie au temps de la conquête, et les villes furent corrompues et reçurent des garnisons pour assujettir les campagnes. Toutes les chartres anciennes sont les traces de cette conquête, et c'est de cette source que vient la bizarrerie des élections.

Droits de l'homme

La constitution Française dit que le nombre de représentants sera en raison du nombre d'habitants sujets à l'impôt, ou en raison des électeurs. Quel article M. Burke mettra-t-il en parallèle avec celui-ci ? Le Comté d'York, qui contient près d'un million d'âmes, envoie deux membres au Parlement ; et le Comté de Rutland, qui n'en contient pas la centième partie, en envoie autant. La ville du vieux Sarum, qui n'a pas trois maisons, envoie deux membres ; et la ville de Manchester, qui contient plus de soixante mille âmes, n'en envoie pas. Y a-t-il là le moindre principe ? Y a-t-il là la moindre chose par laquelle on puisse reconnaître les traces de la liberté ou découvrir celles de la sagesse ? Il n'est donc pas surprenant que M. Burke ait éludé la comparaison, et qu'il se soit efforcé d'écarter ses lecteurs de la question par un pompeux étalage de rapsodies et de paradoxes.

La Constitution Française dit que l'Assemblée Nationale sera renouvelée tous les deux ans. — Quel article M. Burke a-t-il à mettre en parallèle avec celui-ci ? Il dira sans doute que la Nation n'a aucun droit là-dessus, que le Gouvernement est tout-à-fait arbitraire sur cet article, et il peut citer pour autorité l'exemple d'un Parlement antérieur.

La Constitution de France dit qu'il n'y aura pas de lois sur la chasse ; que le fermier sur les terres duquel le gibier se trouvera (car c'est du produit de ses terres que le gibier vit) aura le droit d'en prendre autant qu'il pourra ; qu'il n'y aura aucun monopole ; que tous les commerces et métiers seront libres ; que tous les habitants seront libres de prendre l'état qui pourra leur procurer une honnête existence dans toute l'étendue du royaume.

Qu'opposera M. Burke cet article ? En Angleterre le gibier est la propriété de celui qui ne le nourrit pas ; et quant aux monopoles, le pays est divisé en monopoles. Chaque ville qui a une charte est elle-même un monopole aristocratique, et les électeurs tirent leurs droits aux élections de ces villes privilégiées. Est-ce là de la liberté ? est-ce là ce que M. Burke appelle une Constitution ?

Dans ces *monopoles chartrés*, ou dans ces villes privilégiées, un homme qui vient d'une autre partie du pays en est chassé comme un ennemi. Un Anglais n'est pas libre dans sa patrie : chacune de ces places lui présente une barrière, et lui dit qu'il n'est pas libre, — qu'il n'a pas de droits. Ces *monopoles* produisent d'autres *monopoles*. Dans une ville, comme Bath, par exemple, qui contient entre vingt et trente mille habitants, le droit d'élire au Parlement est accaparé par environ trente et une personnes, et ces monopoles en produisent encore d'autres. Un homme même de la ville auquel ses parents n'ont pas eu les facultés de donner un état, est privé, dans plusieurs circonstances, du droit naturel de s'en procurer un par son génie ou par son industrie.

Peut-on citer ces exemples à un pays qui se régénère comme la France ? Non sûrement ; et je suis certain que lorsque le peuple Anglais y réfléchira, il anéantira, comme les Français ; ces marques d'une ancienne oppression, ces traces avilissantes d'une Nation conquise. — Si M. Burke avait eu les talents de l'auteur du livre intitulé : *des richesses des Nations*, il aurait connu tous les ingrédients dont la réunion forme une constitution. Il aurait argumenté du petit au grand. Ce ne sont point ses préjugés seuls, mais la tournure désordonnée de son esprit qui le rend incapable d'écrire sur le sujet qu'il a voulu traiter. Son génie même n'a point de constitution. C'est un génie errant, et non pas un génie constitué. Mais il faut qu'il dise quelque chose ; — c'est pourquoi il s'est élancé dans l'air, comme un ballon, pour détourner les yeux de la multitude de la terre sur laquelle ils étaient fixés.

On tire beaucoup de connaissances de la Constitution Française. La conquête et la tyrannie se transportèrent, avec Guillaume le Conquérant, de Normandie en Angleterre, et le pays est encore défiguré des traces qu'elles y ont laissées. Puisse donc l'exemple de la France entière contribuer à régénérer cette liberté qu'une de ses provinces a détruite !

La Constitution Française dit que pour empêcher la représentation Nationale de se corrompre, aucun membre de l'Assemblée Nationale ne pourra accepter de place ni de pension du pouvoir exécutif. — Qu'opposera M. Burke à cela ? Je vais lui souffler la réponse : *les pains* et *les poissons* [1]. Ah ! on n'a pas encore réfléchi sur les maux qu'occasionne ce gouvernement de pains et de poissons.

L'Assemblée Nationale de France en a fait la découverte, et elle en donne l'exemple à l'univers entier. Si les Gouvernements s'étaient concertés pour se faire la guerre afin de dépouiller leur pays par le moyen des impôts, ils n'auraient pas mieux réussi qu'ils ne l'ont fait.

Il y a plusieurs choses dans le Gouvernement d'Angleterre qui me paraissent tout le contraire de ce qu'elles doivent être, et de ce qu'on

[1] En Angleterre on dit ordinairement que ceux qui sont dans les places du Gouvernement tiennent les *pains et les poissons*, faisant allusion à un passage de l'écriture sainte, et que le parti de l'opposition se tourmente pour les avoir.

Droits de l'homme

dit qu'elles sont. Le Parlement, malgré l'imperfection et la bizarrerie de son élection, est cependant supposé le gardien de la bourse commune ; mais de la manière dont un Parlement Anglais est composé, c'est précisément comme si un homme était tout à la fois celui qui a hypothèque ; et celui qui a hypothéqué ; et en cas de malversation, c'est le criminel qui devient son propre juge. Si ceux qui votent les subsides sont les mêmes personnes qui les reçoivent lorsqu'ils sont votés, et si ce sont elles qui doivent rendre compte de la dépense de ces subsides à ceux qui les ont votés, ce sont donc les mêmes hommes responsables à eux-mêmes, et la comédie des erreurs se termine par la pantomime de *chte chte*. Le parti ministériel ni celui de l'opposition ne veut point toucher à cela.

Le Trésor National est le bidet commun qu'ils montent tour à tour. C'est ce que les paysans appellent faire une course et attacher le cheval. — Vous allez à cheval un bout de chemin, et ensuite moi. Ces choses sont mieux ordonnées en France.

La Constitution de France dit : que le droit de paix et de guerre appartient à la Nation. A qui appartiendrait-il donc s'il n'appartenait pas à ceux qui doivent en faire la dépense ? En Angleterre on dit que ce droit appartient à une *métaphore*, montrée à la tour pour six sols ou pour un chelin ; on y montre aussi les lions ; et on serait plus près de la raison en disant qu'il leur appartient ; car toute chose inanimée n'est pas plus qu'un bonnet ou un chapeau. Nous sommes tous frappés de l'absurdité d'adorer le veau d'Aaron, ou l'image d'or de Nabuchodonosor ; pourquoi donc continue-t-on de pratiquer soi-même les absurdités que l'on méprise dans les autres ?

Ou peut dire avec raison que de la manière dont la Nation Anglaise est représentée, il importe peu que ce droit réside dans la couronne ou dans le parlement. Dans tous les pays, la guerre est la moisson commune de tous ceux qui participent à la division et à la dépense du trésor public. C'est l'art de *tirer parti de la Nation* ; son objet est une augmentation de revenu ; et comme on ne peut augmenter le revenu sans impôts, il faut un prétexte de dépense. En parcourant l'histoire du gouvernement d'Angleterre, de ses guerres et de ses taxes, un lecteur qui n'est point aveuglé par les préjugés ni mu par l'intérêt est obligé de convenir que les taxe ne surent point levées pour faire les guerres, mais que les guerres furent suscitées pour lever des taxes.

M. Burke, comme membre de la Chambre des communes, fait partie du gouvernement Anglais ; et quoiqu'il se déclare ennemi de la guerre, il injurie la Nation Française qui cherche à l'extirper. Il offre à la France le gouvernement Anglais pour un modèle dans toutes ses parties ; mais il devrait auparavant connaître les remarques que les Français ont faites sur ce gouvernement. Ils disent en faveur du leur, que la portion de liberté dont on jouit en Angleterre, est justement ce qu'il faut pour réduire un pays dans l'esclavage plus efficacement que par le despotisme ; que comme le véritable objet de tous les despotismes est le revenu, un gouvernement ainsi formé obtient davantage qu'il ne pourrait le faire par un despotisme direct, ou, s'il était parfaitement libre ; et que conséquemment du côté de l'intérêt, c'est le plus mauvais de tous. Ils rendent aussi raison de la propension qu'ont toujours de pareils gouvernements à s'engager dans des guerres, en faisant observer les différents motifs qui les produisent. Dans les gouvernements despotiques, les guerres sont l'effet de l'orgueil ; mais dans les gouvernements où elles sont des objets d'impôts, elles ont une cause plus constante.

C'est pourquoi la constitution Française, pour prévenir ces deux inconvénients, à ôté aux Rois et aux ministres le droit de guerre, et a laissé ce droit à ceux qui doivent en faire la dépense.

Lorsqu'on agita à l'Assemblée Nationale la question du droit de paix et de guerre, le peuple Anglais parut y prendre beaucoup d'intérêt applaudit vivement à la décision. Comme principe, il peut s'appliquer à un pays comme à un autre. Guillaume le Conquérant, *comme Conquérant*, retint ce pouvoir de paix et de guerre, et ses descendants l'ont toujours depuis lui réclamé comme un droit.

Quoique M. Burke ait soutenu que le Parlement de 1688 avait le droit de lier la Nation et la postérité jusqu'à la consommation des siècles, il nie en même temps que le Parlement ou la Nation ait aucun droit de changer ce qu'il appelle la succession à la couronne, excepté en partie, ou par une sorte de modification. En adoptant cette méthode, il nous force à remonter à *la conquête des Normands* ; et en suivant ainsi une ligne de succession depuis Guillaume le Conquérant jusqu'au moment actuel, il nous met dans la nécessité de nous informer de ce qu'était Guillaume le Conquérant, et d'où il venait, et de puiser dans l'origine l'histoire et la nature de ce que l'on appelle prérogative. Tout doit avoir eu un commencement, et il faut percer les nuages épais du temps et de l'antiquité pour le découvrir. Que M. Burke fasse donc paraître son Guillaume de Normandie, car c'est à cette origine que remontent tous ses arguments. Il arrive aussi malheureusement qu'en parcourant cette ligne de succession, il s'en présente une autre parallèle, qui est que, si la succession va dans la ligne de la conquête, la Nation va dans celle d'être conquise, et elle doit se laver de ce reproche.

Mais on dira peut-être que, quoique le pouvoir de déclarer la guerre vienne de la conquête par droit d'héritage, il est restreint par le droit qu'a le Parlement de refuser les subsides. Il arrivera toujours que lorsqu'une chose est dans l'origine mauvaise, toutes les améliorations possibles ne la rendront jamais bonne ; et il arrive souvent qu'elles font autant de mal d'un côté que de bien de l'autre. Et tel est le cas en Angleterre ; car si l'un déclare témérairement la guerre comme matière de droit, et que l'autre refuse absolument les subsides comme matière de droit, le remède devient aussi mauvais et même pire que la maladie. L'un force la Nation à un combat et l'autre lui lie les mains : mais l'issue la plus probable est que la contestation finira par un accommodement entre les parties, et leur servira à toutes deux d'écran.

Il y a trois choses à considérer dans cette question de guerre. D'abord, le droit de la déclarer ; secondement, la dépense pour la soutenir ; troisièmement, la manière de la conduire lorsqu'elle est déclarée. La Constitution Française place le *droit* où se trouve la *dépense*, et cette réunion ne peut se trouver que dans la Nation ; elle laisse au pouvoir exécutif la manière de la conduire, lorsqu'elle est déclarée. — Si cela était ainsi dans tout le pays, nous n'entendrions pas beaucoup parler de guerres.

Avant de passer à d'autres parties de la Constitution Française, et pour nous délasser un peu de la fatigue des arguments, je vais rapporter une anecdote que je tiens du Docteur Franklin.

Pendant que le Docteur Franklin résidait en France comme ministre de l'Amérique, des gens à projets de tous les pays et de toutes les espèces qui avoient envie de passer dans cette terre d'abondance [l'Amérique] lui firent nombre de propositions ; et entre autres il y en eut un qui s'offrit pour être Roi. Il fit sa première proposition au Docteur dans une lettre, actuellement entre les mains de M. Beaumarchais. — Il commence d'abord par dire que comme les Américains avoient renvoyé leur Roi, il leur en faudrait un autre ; secondement, qu'il est Normand ; troisièmement, d'une famille plus ancienne que les Ducs de Normandie, et même d'une race plus honorable puisqu'elle n'était point bâtarde ; quatrièmement, qu'il y avait déjà en Angleterre un exemple de Rois qui étaient sortis de Normandie, et il fonde ses offres sur ces principes, en priant le docteur, de vouloir bien les faire passer en Amérique ; mais comme le docteur n'en fit rien, et ne lui envoya pas même de réponse, notre homme lui écrivit une seconde lettre, dans laquelle, à la vérité, il ne fit point de menaces d'aller conquérir l'Amérique, mais demanda avec beaucoup de dignité qu'en cas que ses offres ne fussent pas acceptées, on lui accordât une somme de 30,000 liv. sterl. à cause de sa générosité. — Comme donc tous les arguments sur la succession doivent nécessairement lier cette succession à un commencement quelconque, les arguments de M. Burke sur, ce sujet tendent à prouver que les Rois d'Angleterre ne sont point d'origine Anglaise, et qu'ils, sont descendants de la lignée Normande qui s'établit par droit de conquête ; c'est pourquoi la connaissance de cette anecdote pourra être de quelque utilité à la doctrine ; elle l'informera du moins qu'en cas d'extinction naturelle de la race, malheur auquel tous les hommes sont sujets, on pourra encore trouver des Rois en Normandie à beaucoup meilleur compte que Guillaume le Conquérant ; et que conséquemment le bon peuple d'Angleterre, au temps de la révolution de 1688, *aurait pu beaucoup mieux faire*, si quelque Normand aussi généreux que celui dont j'ai parlé, avait connu *ses* besoins, ou si les Anglais avoient connu les *siens*. Il est certainement beaucoup plus facile de faire un marché avec un caractère chevaleresque, que M. Burke admire si fort, qu'avec *un dur Hollandais*. — Mais revenons à la Constitution.

La Constitution Française dit : il, n'y aura pas de *titres* ; et en conséquence, toute cette classe d'une génération équivoque, appellée dans certains pays *aristocratie*, et dans d'autres *noblesse*, est détruite, et le pair se trouve élevé à la dignité d'Homme.

Les titres ne sont que des surnoms, et tout surnom est un titre. C'est une chose assez innocente en elle même ; mais elle dénote une certaine fatuité dans le caractère humain qui le dégrade. Elle met l'homme au-dessous de lui-même dans les grandes choses, et le rend imitateur des femmes dans les petites. Il parle de son beau *ruban bleu* comme une petite fille, et montre sa *jarretière* neuve comme un enfant. Un certain écrivain de l'antiquité dit : « quand j'étais enfant je pensais comme un enfant ; mais quand je fus homme, je quittai mes joujoux ».

C'est, à proprement parler, l'esprit élevé de la France qui a sait disparaître la folie des titres. Il est devenu trop grand pour se revêtir des habits puérils de *Comte* et de *Duc*, et a endossé la robe virile. La France n'a donc point égalisé, mais elle a élevé. Elle est passée de l'enfance à l'âge viril. La petitesse d'un mot sans signification, tel que celui de *Duc* ou de *Comte* a cessé de plaire ; ceux même qui les possédaient, ont dédaigné ce galimatias ; et comme ils étaient trop grands pour le hochet, ils ont méprisé la sonnette. L'esprit naturel de l'homme qui désire ardemment son habitation natale, la société, rejette tous les joujoux qui l'en séparent. Les titres ressemblent aux cercles que fait la baguette du magicien pour circonscrire la félicité humaine. Celui qui les a s'emprisonne dans la Bastille d'un mot, et regarde de loin la vie enviée de l'homme.

Est-il donc fort surprenant que les titres soient tombés en France ? N'est-il pas plus surprenant qu'on les conserve encore quelque part ? Que sont-ils ? quelle est leur valeur, et que rapportent-ils ? Quand on parle d'un *juge* ou d'un *général*, on y attache l'idée de sa charge et de son caractère ; on s'imagine voir la gravité dans l'un et la bravoure dans l'autre ; mais quand on se sert d'un mot *simplement comme d'un titre*, on n'y attache aucune idée. Dans tout le vocabulaire d'Adam on n'y trouve aucun animal qui ressemble à un duc ou à un comte ; et vraiment on ne saurait attacher aucune idée à ces mots ; on ne sait s'ils signifient force ou faiblesse, sagesse ou folie, enfant ou homme, cavalier ou cheval. Quel respect peut-on donc avoir pour ce qui ne décrit rien et ne signifie rien ? L'imagination a donné des formes et des caractères aux centaures, aux satyres, et même aux fées ; mais les titres surpassent les pouvoirs de l'imagination, et sont des *non-descriptions* chimériques.

Ce n'est point tout. — Si tout un pays est disposé à les regarder avec mépris, toute leur valeur est évanouie et personne ne les avouera. Ce n'est que l'opinion commune qui les fait quelque chose, ou rien, ou pire que rien. Il n'est pas besoin d'ôter les titres, car ils s'évanouissent dès que la société veut les tourner en ridicule. Cette espèce d'importance imaginaire est visiblement sur le déclin dans toutes les parties de l'Europe, et elle se hâte de disparaître à mesure que le monde de la raison s'élève. Il y eut un temps où la dernière classe de ce qu'on appelle *noblesse* était plus considérée que ne l'est aujourd'hui la première, et où un chevalier en armure parcourant les terres de la chrétienté, en *cherche d'aventures*, était plus regardé qu'un duc moderne. On a vu cette folie cesser ; elle a cessé parce qu'on s'en est moqué, et la farce des titres aura le même sort. — Les Patriotes de France se sont aperçus de bonne heure que le rang et la dignité devaient avoir d'autres bases. Les anciennes étaient écroulées. Il faut qu'ils soient fondés sur les bases solides du caractère, au lieu des bases chimériques des titres ; ils ont apporté leurs titres à l'autel, et en ont fait un holocauste à la raison.

Si la folie des titres n'avait été susceptible de causer aucun mal, elle n'aurait pas valu la peine d'une abolition formelle telle que l'Assemblée Nationale l'a décrétée ; et c'est ce qui fait qu'il devient nécessaire d'examiner davantage la nature et le caractère de l'aristocratie.

Ce que l'on, appelle dans des pays *aristocratie* et dans d'autres *noblesse*, tire son origine des gouvernements fondés sur la conquête. C'était originairement un ordre militaire pour soutenir un gouvernement militaire [car tels sont tous les gouvernements fondés sur des conquêtes] ; et afin de conserver une succession de cet ordre pour servir aux fins pour lesquelles il était établi, tous les cadets de ces familles furent déshérités, et le droit d'*aînesse* établi.

Nous voyons dans cette loi la nature et le caractère de l'aristocratie. C'est, une loi contraire à toutes les lois de la nature, et la nature elle-même demande son abolition. Établissez la justice dans les familles, et l'aristocratie tombe. Par l'établissement aristocratique du droit d'aînesse, dans une famille de six enfants, il y en a cinq de sacrifiés. L'aristocratie n'a jamais plus d'un enfant. Les autres ne sont engendrés que pour être dévorés. On les abandonne au Cannibale, et le parent naturel prépare le repas contre nature.

Comme tout ce qui n'est point dans la nature affecte plus ou moins les intérêts de la société, il en est de même de ceci. Tous les enfants que l'aristocratie désavoue [tous, excepté l'aîné] ressemblent en général aux orphelins laissés à la charge de la paroisse ; il faut que le public pourvoie à leur subsistance, mais d'une manière bien plus dispendieuse.— On crée des charges et des places dans les gouvernements et dans les cours, aux dépens du public, pour les entretenir.

Quelles doivent être les réflexions d'un père ou d'une mère en contemplant les cadets de leur famille ? Selon la nature, ils sont enfants, et selon les lois du mariage, héritiers ; mais selon l'aristocratie, bâtards et orphelins. Chair et sang de leurs parents dans un sens, ils ne leur sont rien dans un autre ; c'est pourquoi pour rendre les parents à leurs enfants, et les enfants à leurs parents, les parents les uns aux autres, et l'homme à la société, et pour, exterminer le monstre de l'aristocratie jusqu'à la racine, la Constitution Française a aboli le droit d'AÎNESSE. Cy donc gît le monstre, et M. Burke peut, s'il lui plaît, écrire son épitaphe.

Droits de l'homme

Jusqu'ici nous n'avons considéré l'aristocratie que sous un point de vue. Il faut a présent la considérer sous un autre. Mais soit que nous la regardions par devant ou par derrière, de côté ou de tout autre sens, en famille ou en public, c'est toujours un monstre.

L'aristocratie en France avait un degré de force de moins que dans certains autres pays ; elle ne composait point un corps de législateurs héréditaires ; ce n'était pas *une corporation d'aristocratie*, car voici la description que j'ai entendu faire à M. de la Fayette d'une chambre de pairs Anglaise. Examinons d'oncles raisons qui ont déterminé la constitution Française à ne point former une pareille chambre en France.

En premier lieu, parce que l'aristocratie, comme nous en avons déjà fait mention, ne se soutient que par des injustices et des tyrannies domestiques.

En second lieu, parce qu'une aristocratie n'est point calquée pour donner des Législateurs à une Nation ; les idées d'*une justice distributive* sont corrompues dès sa source. Elle commence sa carrière en foulant aux pieds ses cadets, ses sœurs et les parents de toute espèce, et une éducation conforme à ces principes. Avec quelles idées de justice ou d'honneur un homme qui absorbe l'héritage de toute une famille, ou qui lui en laisse une misérable portion avec autant d'insolence que s'il lui faisait un don, peut-il entrer dans une Chambre de Législation ?

En troisième lieu, parce que l'idée de Législateurs héréditaires est aussi absurde que celle de Juges héréditaires ou de Jurés héréditaires ; aussi insensée que celle d'un Mathématicien héréditaire ou d'un Philosophe héréditaire ; et aussi ridicule que celle d'un Poète Lyrique héréditaire.

En quatrième lieu, parce qu'un corps d'hommes qui n'est responsable à personne ne doit avoir la confiance de personne.

En cinquième lieu, parce que c'est continuer dans les principes barbares des gouvernements fondés sur les conquêtes, et dans l'idée avilissante que l'homme est la propriété d'un autre homme, et qu'il le gouverne par un droit personnel.

En sixième lieu, parce que l'aristocratie tend à faire dégénérer l'espèce humaine.

L'économie universelle de la nature nous apprend, et l'exemple des juifs nous prouve que l'espèce humaine dégénère lorsqu'elle est réduite à un petit nombre de personnes, séparées de la tige commune et qui ne contractent de mariages qu'entre elles ; l'aristocratie détruit même la fin de son établissement et devient avec le temps l'opposé de tout ce qui est noble dans l'homme. M. Burke parle de noblesse ; qu'il nous montre ce que c'est. Les plus grands hommes que la nature ait produits sont sortis du sein de la démocratie. L'aristocratie n'a jamais pu aller de pair avec la démocratie.

Le NOBLE artificiel ressemble à un nain devant le NOBLE de la nature ; et les hommes en qui la nature a survécu dans l'aristocratie, [car dans tous les pays il y en a quelques-uns] CES HOMMES-LÀ, dis-je, la MÉPRISENT. Mais il est temps de passer à un autre sujet.

La Constitution Française a réformé le Clergé. Elle a augmenté le revenu de la classe moyenne et diminué celui du haut Clergé. Il n'y en a pas à présent qui ait moins de douze cent livres, ni plus de, dix à douze mille livres de rente. Qu'a M. Burke à dire contre cette réforme ? Voyons ses raisons.

Il dit « que le peuple Anglais voit sans peine et sans murmure un Archevêque avoir le pas sur un Duc ; qu'il peut voir un Évêque de Durham ou un Évêque de Winchester en possession d'un revenu de 240,000, sans trouver aucune raison pour laquelle ce revenu serait plus mal place entre ses mains qu'entre celles d'un Comte ou d'un Chevalier » ; et M. Burke offre cela comme un exemple à la France !

Quant à la première partie, que l'Archevêque ait le pas sur le Duc ou le Duc sur l'Archevêque, c'est, je crois, aussi indifférent au peuple en général que *Sternhold et Hopkins* ou *Hopkins et Sternhold* (*b*) ; on peut mettre celui que l'on voudra le premier : et comme je confesse ne pas connaître la nature de cette question, je ne la contesterai pas à M. Burke.

Mais quant à la dernière, j'ai quelque chose à répondre.— M ; Burke n'a pas bien posé la question.— La comparaison n'est pas dans l'ordre en la faisant entre l'évêque, le Comte et le Chevalier. Elle doit être faite entre l'Évêque et le Curé, et alors elle sera posée de cette manière : *Le peuple Anglais voit sans peine ou sans murmure un Évêque de Durham ou un Évêque de Winchester en possession de 240,000 de rente, et un Curé n'avoir que huit ou neuf cents livres.* — Non, Monsieur, le peuple ne voit pas cela sans peine ni sans murmure. C'est un cas dont l'injustice est visible à tout le monde, et l'un des cents mille autres qui demandent hautement une *constitution*.

En France le cri de *l'Église ; l'Église* se fit entendre aussi souvent qu'il est écrit dans le livre de M. Burke, et aussi fort que lorsque le bill en faveur des différentes sectes fut présenté au Parlement d'Angleterre ; mais ce cri ne trompa plus la généralité du Clergé de France. La plupart s'aperçurent que, quelque fut le prétexte des opposants, ils étaient eux les principaux objets de la réforme ; que c'était le cri du haut Clergé pour empêcher qu'il y eût aucun règlement de revenus entre celui qui avait deux cents mille livres de rente et le Curé de Paroisse. Ils joignirent donc leur cause à celle de tous les opprimés, et par cette réunion obtinrent justice.

La Constitution Française a aboli la dîme, cette source perpétuelle de mécontentements entre le Paroissien et le décimateur ; lorsque le droit de dîme existe sur une terre, cette terre appartient, pour ainsi dire, à deux personnes ; l'une en reçoit un dixième, et l'autre neuf neuvièmes ; conséquemment, par des principes d'équité, si cette terre peut être améliorée et produire, par le moyen de cette amélioration, le double ou le triple de ce qu'elle rapportait auparavant, la dépense de l'amélioration devrait être partagée proportionnellement par les parties qui en retirent le produit. Mais il n'en est pas ainsi de la dîme ; le fermier fait toute la dépense, et le décimateur prend un dixième de l'amélioration, outre sa première dîme ; et par ce moyen emporte la valeur de deux dixièmes au lieu d'un. C'est encore une chose qui fait désirer une constitution.

La Constitution Française a renoncé à la *tolérance et à l'intolérance aussi*, et *a établi* UNE PLEINE LIBERTÉ DE CONSCIENCE.

La tolérance n'est point *l'opposé* de l'intolérance ; elle n'en est que le déguisement. Elles sont toutes deux des despotismes ; l'une s'arroge le droit d'empêcher la liberté de conscience, et l'autre de l'accorder. L'une ressemble au Pape armé de feu et de flammes, et l'autre au Pape vendant ou accordant des indulgences. L'une est l'*Église* et l'*État*, et l'autre l'*Église* et le *Trafic*.

Mais on peut placer la tolérance sous un jour plus frappant ; l'homme ne s'adore pas lui-même, mais il adore son Créateur ; et la liberté de conscience qu'il réclame n'est pas pour son service à lui, mais pour le service de l'Être Suprême. C'est pourquoi, dans ce cas-ci, il faut nécessairement que nous concevions la double idée de deux êtres, le *mortel* qui paye son adoration, et L'IMMORTEL qui est adoré. Donc la tolérance ne se place pas entre un homme et un autre homme, entre une église et une autre, ni entre aucune dénomination de religion et une autre, mais entre Dieu et l'homme ; entre l'être qui adore et l'être qui est adoré ; et par le même acte d'autorité usurpée par lequel elle tolère l'adoration de l'homme, elle a en même temps la présomption impie de tolérer, que le TOUT-PUISSANT la reçoive, cette adoration !

Si on présentait au Parlement un bill intitule : ACTE *pour accorder à l'ÊTRE SUPRÊME, la liberté de recevoir les adorations d'un Juif ou d'un Turc*, tout le monde serait dans le dernier étonnement ; on dirait que c'est un blasphème ; il y aurait un cri général. L'absurdité de ce que l'on appelle *tolérance* en matière de religion paraîtrait alors sans déguisement ; mais l'absurdité n'en est pas moins grande, parce qu'il n'y a que le nom d'*homme* qui soit mis dans ces lois ; car on ne saurait séparer la double idée de l'*adorateur* et de l'*être adoré*. — Qui es-tu donc, vaine poussière ? Quelle que soit la dénomination que tu t'arroge, soit Roi, Évêque, Église, État, Parlement, ou tout ce que tu voudras, qui oses ainsi interposer ta *presque-nullité* entre l'âme de l'homme et son Créateur, mêle-toi de tes propres affaires.

Si sa croyance n'est pas comme la tienne, c'est une preuve que la tienne n'est pas comme la sienne, et il n'y a point de puissance terrestre qui puisse être juge entre vous.

Quant à ce que l'on appelle différentes dénominations de religions, si chacun est laissé juge de sa propre religion, il ne se trouvera aucune religion mauvaise ; si au contraire chacun juge la religion d'un autre, il ne s'en trouvera aucune de bonne ; c'est pourquoi tout le monde a raison, ou tout le monde a tort. Mais quant à la religion elle-même, sans avoir égard aux noms, considérée comme une émanation de la famille universelle du monde vers le divin objet de toute adoration, *c'est l'homme qui apporta à son créateur les premiers fruits de son cœur* ; et quoique ces fruits soient différents les uns des autres comme les fruits de la terre, le tribut reconnaissant de chacun est accepté.

Un évêque de Durham on un évêque de Winchester, ou un archevêque qui a le pas sur un duc, ne refusera pas la dîme d'une gerbe de blé, parce que ce n'est pas une botte de soin ; ni d'une botte de soin, parce que ce n'est pas une gerbe de blé ; ni d'un cochon de lait, parce que ce n'est ni l'une ni l'autre : mais ces mêmes personnes, sous la forme d'une église établie, ne veulent pas permettre à leur Créateur de recevoir la variété des dîmes de la dévotion de l'homme.

La chanson continuelle de M. Burke, c'est : *l'Église et l'État*. Il n'entend pas aucune église particulière, ou aucun état particulier ; et il se sert de ce terme comme d'une figure générale, pour débiter la doctrine poli-

Droits de l'homme

tique de réunir l'Église et l'État dans tous les pays ; et il blâme l'Assemblée Nationale de France de ne pas l'avoir fait. — Accordons quelques réflexions à ce sujet.

Toutes les religions sont, par leur nature, tendres et bénignes, et conformes aux principes de la morale. Elles n'auraient pas dans l'origine fait des prosélytes en professant le vice, la cruauté, la persécution ou l'immoralité. Comme toute autre chose, elles ont eu leur commencement ; et elles ont fait des progrès par la persuasion, l'exhortation et l'exemple. Comment arrive-t-il donc qu'elles perdent leur douceur originelle, et qu'elles deviennent moroses et intolérantes ?

Cela vient de l'union que M. Burke recommande. En joignant l'église à l'état, on produit une espèce de mulet capable de détruire et incapable d'engendrer, appelé *l'église établie par la loi* : il est étranger, même dès sa naissance, à la mère qui l'a enfanté, et avec le temps il la chasse et la détruit.

L'inquisition, en Espagne, ne vient pas de la religion originairement établie mais de ce mulet engendré par l'église et l'état. Les supplices dans *Smith Field* [x] venaient, de cette même production hétérogène ; et ce fut ensuite la régénération de cet étrange animal, en Angleterre qui réveilla la rancune et l'irréligion parmi ses habitants et qui chassa en Amérique les Trembleurs et les autres non conformistes. La persécution n'est pas un des traits originaires de la religion ; mais c'est toujours le trait caractéristique de toutes les religions de loi, ou des religions établies par la loi. Ôtez cet établissement par la loi, et chaque religion reprendra son caractère naturel de bénignité. En Amérique, un prêtre Catholique est un bon citoyen, un bon caractère et un bon voisin ; un *Épiscopal* est de même : et cela vient, indépendamment des hommes, de ce qu'il n'y a point en Amérique de religion établie par la loi.

Si l'on considère cette matière sous un point de vue politique, on verra les mauvais effets que cela a produits sur la prospérité des Nations. L'union de l'Église et de l'État a appauvri l'Espagne ; la révocation de l'Édit de Nantes a fait passer les manufactures de soies de France en Angleterre : et l'ÉGLISE ET L'ÉTAT chassent à présent d'Angleterre les manufactures de coton pour les faire passer en France et en Amérique. Que M. Burke continue donc de prêcher la doctrine anti-politique d'État et d'Église elle fera du bien. L'Assemblée Nationale ne suivra pas son avis, elle profitera de sa folie. Ce fut en voyant les mauvais effets que ce monstre produisait en Angleterre, que les Américains se tinrent en garde contre lui ; et ce fut l'expérience des maux qu'il avait causés en France qui engagea l'Assemblée Nationale à le détruire, et, comme l'Amérique, à établir UNE PLEINE LIBERTÉ DE CONSCIENCE ET UN DROIT UNIVERSEL DE CITOYEN [x].

Je vais discontinuer la comparaison entre les principes de la Constitution Française et ce qui existe en Angleterre, et terminer cette partie de mon sujet en faisant quelques observations sur l'organisation des parties formelles des gouvernements Anglais et Français.

Le pouvoir exécutif dans les deux pays est entre les mains d'un homme appelé *Roi* ; mais la Constitution Française fait une distinction entre le Roi et le Souverain : elle regarde la place de Roi comme une fonction, et place la Souveraineté dans la Nation.

Les représentants de la Nation, qui composent l'Assemblée Nationale et qui forment le pouvoir législatif, sont choisis par le peuple, ce droit résidant essentiellement dans la Nation. — En Angleterre c'est toute autre chose ; et cela vient de l'établissement originaire de ce que l'on appelle sa monarchie ; car comme par la conquête tous les droits du peuple ou de la Nation furent absorbés par le conquérant, qui joignit le titre de Roi à celui de conquérant, les choses que l'on regarde en France comme les droits du peuple ou de la Nation, sont regardées en Angleterre comme des concessions de ce qu'on appelle la COURONNE.

Les deux branches du Parlement d'Angleterre furent érigées par des lettres patentes accordées par les descendants du conquérant. La Chambre des Communes n'a pas pris son origine dans le droit qu'à la Nation de déléguer ses pouvoirs, mais dans une concession ou une grâce.

Par la Constitution Française, la Nation est toujours nommée avant le Roi.

Le troisième article de la déclaration des droits dit : « *la Nation est essentiellement la source de toute Souveraineté* ». M. Burke dit qu'en Angleterre c'est le Roi qui en est la source, qu'il est aussi la source de tous les honneurs. Mais comme cette idée vient évidemment de la conquête, je ne ferai aucune autre remarque là-dessus, si non qu'il est de la nature des conquêtes de tout renverser sens dessus dessous ; et comme on ne refusera pas à M. Burke le privilège de parler deux fois et qu'on n'aperçoit dans la figure d'une source que deux parties, la *source elle même et le canal* par où elle coule, il aura raison la seconde fois.

Droits de l'homme

La Constitution Française met le législatif avant l'exécutif, la loi avant le Roi ; *la loi, le Roi* ; cela est aussi dans l'ordre naturel des choses, parce qu'il faut que les lois existent avant qu'elles soient mises en exécution.

Un Roi en France ne dit pas, en s'adressant à l'Assemblée Nationale, mon Assemblée, comme le Roi d'Angleterre dit mon Parlement ; il ne peut le faire selon les principes de la Constitution ; cela ne serait pas admis. Peut-être y a-t-il de la justesse à se servir de cette expression en Angleterre, parce que, comme nous l'avons dit ci-devant, les deux Chambres du Parlement tirèrent leur origine de ce qui est appelé la Couronne par une patente ou concession, et non pas des droits inhérents dans le peuple, comme le fait l'Assemblée Nationale de France, dont le nom désigne l'origine.

Le Président de l'Assemblée Nationale ne prie pas le Roi *d'accorder à l'Assemblée de la liberté de la parole*, comme la chambre des Communes d'Angleterre. La dignité constitutionnelle de l'Assemblée Nationale ne doit pas s'abaisser. La parole est d'ailleurs un des droits naturels de l'homme toujours retenus ; et quant à l'Assemblée Nationale c'est son devoir d'en faire usage, et la Nation l'y autorise. Ses membres sont élus par le plus grand corps d'homme exerçant le droit d'élection que l'Europe eut encore vu. Ils ne sont point sortis de l'ordure de bourgs pourris, et ils ne sont pas non plus les bas représentants de villes aristocratiques ; sentant la dignité de leur caractère, ils la soutiennent. Leur langage pour ou contre une question est libre, hardi et mâle, et s'étend à toutes les parties et à toutes les circonstances de la question. S'il se présente devant, eux quelque matière relative au département exécutif ou à la personne qui le préside, [le Roi] elle est discutée avec la fermeté que doivent avoir des hommes, et dans le style des honnêtes gens ; leur réponse et leur adresse sont dans le même style. Il ne regardent pas de loin avec la bouche béante de l'ignorance vulgaire, et ne se courbent point avec la bassesse servile des êtres nuls de la cour. La fierté gracieuse de la vérité ne connaît pas les extrêmes, et conserve dans toutes les situations de la vie, le juste caractère de l'homme.

Examinons actuellement l'autre côté de la question. — Dans les adresses des Parlements d'Angleterre à leurs Rois, on n'y voit ni l'esprit intrépide des anciens Parlements de France, ni la dignité sereine de l'Assemblée Nationale ; on n'y aperçoit même rien d'analogue aux manières Anglaises qui approchent un peu de la rudesse. Puisqu'elles ne sont donc ni d'extraction étrangère, ni d'extraction naturelle Anglaise, il faut chercher leur origine ailleurs, et cette origine c'est la conquête des Normands ; elles sont effectivement dans le genre servile du vasselage ; et marquent d'une manière évidente l'humble distance qui n'existe dans aucune autre situation humaine qu'entre le *conquérant* et le *conquis*. Il est évident que cette idée de vasselage et cette manière de parler existait encore au temps de la révolution de 1688 par la déclaration du Parlement à Guillaume et à Marie, en ces mots : « Nous nous *soumettons* très humblement et très fidèlement, nous, nos héritiers et notre postérité pour toujours ». Se soumettre est certainement un terme de vasselage qui répugne à la dignité de la liberté, et est une répétition du langage usité au temps de la conquête.

Comme les choses ne s'estiment que par comparaison, quelque élevée au-dessus de sa valeur qu'ait été la révolution de 1688, en raison des circonstances, elle trouvera sa juste évaluation. Elle est déjà sur le déclin, éclipsée par l'orbite croissant de la raison, et par les révolutions lumineuses de L'Amérique et de la France. En moins d'un autre siècle elle ira ; ainsi que l'ouvrage de M. Burke, *au caveau de famille de tous les capulets* (*d*). L'univers aura alors peine a croire qu'une nation qui s'appelle libre, ait envoyé chercher un homme en Hollande, l'ait revêtu de pouvoirs, afin de se mettre sous sa domination, et lui ait donné près d'un million sterlings de rente pour avoir la permission de le *soumettre* à lui, *elle* et sa *postérité*, comme des esclaves, *pour toujours*.

Cependant il y a une vérité qu'il est nécessaire de faire connaître ; j'ai eu occasion d'en avoir des preuves ; c'est que, *quelles que soient les apparences, il n'y a point de classe d'hommes qui méprise tant la monarchie que les courtisans* ; mais ils savent bien que si les autres la voyaient comme ils la voient, la pièce tomberait. Ils ressemblent à ces gens qui gagnent leur vie à montrer *des choses curieuses*, à qui la folie de ces prétendues choses curieuses est si familière qu'ils les tournent en ridicule ; mais si les spectateurs en savaient autant qu'eux, adieu la pièce curieuse et ses profits. La différence entre un Républicain et un Courtisan, par rapport à la monarchie, c'est que le premier s'y oppose, croyant que c'est quelque chose, et le dernier en rit, sachant que ce n'est rien.

Comme j'étais en correspondance avec M. Burke, le croyant alors avoir de meilleurs principes que son livre ne l'annonce, je lui écrivis l'hiver dernier de Paris, et l'informai que les choses allaient le mieux du monde. Entre autres particularités, je lui mandais dans cette lettre l'heureuse situation où se trouvait l'Assemblée Nationale ; je lui disais que ses membres avaient adopté une marche qui réunissait à la fois la morale et les intérêts politiques. Ils n'ont pas besoin, ajoutais-je, de tenir un langage qu'ils ne croient pas eux-mêmes, dans le dessein frauduleux de le faire croire aux autres. Il ne leur faut pas le secours de l'art pour maintenir leur poste ; ils n'ont qu'à éclairer le genre humain ; il n'est pas de leur intérêt d'entretenir l'ignorance, mais de la faire disparaître. Ils ne sont ni dans le cas du parti ministériel, ni dans celui du parti de l'opposition en Angleterre, qui, quoique opposés, sont toujours réunis pour ne pas dévoiler le mystère commun. L'Assemblée Nationale doit ouvrir un magasin de lumières ; elle doit faire connaître à l'homme le caractère de l'homme ; et plus elle le rapprochera de ce point, plus elle sera forte.

En contemplait la Constitution Française, nous y voyons un ordre raisonnable de choses. Les principes sont d'accord avec les formes, et les unes et les autres avec leur origine. On dira peut-être, pour excuser une mauvaise forme, que ce n'est que la forme ; mais on se trompe : les formes viennent des principes et servent à conserver les principes dont ils tirent leur origine. Il est impossible de faire usage d'une mauvaise forme, sinon sur un mauvais principe. Elle ne saurait être posée sur un bon ; et lorsque dans un gouvernement les formes sont mauvaises, c'est un signe certain que les principes le sont aussi.

Je vais ici terminer ce sujet. Je l'ai commencé en remarquant que M. Burke n'avait pas jugé à propos de faire une comparaison entre les Constitutions Anglaise et Française. Il s'excuse dans la page 241 de ne l'avoir pas faite, en disant qu'il n a pas eu le temps. Le livre de M. Burke fut plus de huit mois à composer, et contient 366 pages ; comme son omission fait tort à sa cause, son excuse la rend encore plus mauvaise et les habitants des îles Britanniques vont commencer à examiner s'il n'y a pas quelque vice radical dans ce que l'on appelle la Constitution Anglaise, puisque M. Burke a été obligé d'en supprimer la comparaison pour ne pas l'exposer aux yeux du public.

Comme M. Burke n'a pas écrit sur les Constitutions, il n'a pas non plus écrit sur la révolution Française. Il ne parle ni de son commencement, ni de ses progrès ; il ne sait qu'exprimer sa surprise. « Il me semble, dit-il, que je sois dans une grande crise, non pas des affaires de la France seule, mais de toute l'Europe, peut-être de plus que l'Europe. Toutes circonstances considérées ; la révolution Française est la plus étonnante qui soit encore arrivée ».

Comme les gens sages sont étonnés de voir des choses absurdes, et d'autres de voir des choses sages, je ne sais sur quoi fonder l'étonnement de M. Burke ; mais il est certain qu'il ne comprend pas la révolution Française. Elle est en apparence comme sortie soudainement du chaos ; mais ce n'est que la conséquence d'une révolution d'esprit qui existait antérieurement en France. L'esprit de la Nation était changé d'avance et le nouvel ordre de choses a naturellement suivi le nouvel ordre de pensées. — Je vais ici, aussi brièvement qu'il me sera possible, suivre les progrès de la révolution Française, et marquer les circonstances qui ont contribué à la produire.

Le despotisme de Louis XIV, joint à la splendeur de sa Cour et l'ostentation de sa personne, avaient tellement humilié, et en même temps fasciné les yeux de la France, que le peuple paraissait avoir perdu tout sentiment de sa propre dignité, en contemplant celle de son grand monarque ; et tout le règne de Louis XV, qui n'est remarquable que par la faiblesse et la débauche, ne produisit d'autre changement que celui de répandre une espèce de léthargie sur la Nation, d'où elle ne paraissait avoir aucune inclination de sortir.

Les seuls lignes de l'esprit de liberté qui parurent pendant ce temps-là, sont dans les écrits des Philosophes Français. Montesquieu, président du Parlement de Bordeaux, alla aussi loin sous un gouvernement despotique qu'un écrivain. pouvait aller ; et étant obligé de se partager entre les principes et la prudence, son esprit parait souvent voilé, et nous devons croire qu'il n'a pas dit tout ce qu'il aurait pu dire.

Voltaire, qui était tout à la fois le flatteur et le persifleur du despotisme, adopta un autre genre. Son fort fut d'exposer et de tourner en ridicule les superstitions que les artifices des prêtres et des hommes d'état avaient entrelacées avec les gouvernements. Ce ne fut pas la pureté de se principes, ou son amour du genre humain, (car la satyre et la philanthropie ne sont pas ordinairement d'accord) qui l'engagea à faire ces attaques ; mais la grande aptitude à voir la folie sous sa vraie forme et son penchant irrésistible à la ridiculiser. Elles furent cependant aussi terribles que si ses motifs eussent été purs, et il mérite les remerciements plutôt que l'estime du genre humain.

On trouve, au contraire, dans les écrits de Rousseau et de l'abbé Raynal une tendresse de sentiments en faveur de la liberté qui attire le respect et élève les facultés humaines ; mais après avoir excité cette élévation, ils n'en dirigent pas les opérations, et laissent l'esprit épris d'un objet sans lui donner les moyens de le posséder.

Droits de l'homme

Quesnay, Turgot et les amis de ces auteurs, ont écrit dans un genre sérieux : mais ils ont eu le même désavantage que Montesquieu. Leurs écrits abondent en maximes morales de gouvernements, mais sont plutôt dirigés pour économiser, et réformer l'administration du gouvernement que le gouvernement lui-même.

Néanmoins tous ces écrits, ainsi que plusieurs autres, produisirent leur effet ; et dans la différente manière dont ils traitèrent le sujet des gouvernements, Montesquieu par son jugement et sa connaissance des lois, Voltaire par son esprit, Rousseau et Raynal par leur élévation, et Quesnay et Turgot par leurs maximes morales et leurs systèmes d'économie, les lecteurs de toutes les classes trouvèrent quelque chose de conforme à leur goût ; et au moment où la querelle commença entre l'Angleterre et ses *ci-devant* colonies de l'Amérique, l'esprit des recherches politiques se répandit dans la Nation.

Dans la guerre que la France entreprit ensuite en faveur des États-Unis, il est très connu que la Nation devançait le ministère. L'une et l'autre avaient leurs vues, mais ces vues étaient dirigées vers différents objets ; l'une cherchait la liberté, et l'autre à se venger de l'Angleterre. Les officiers et les soldats qui passèrent après cela en Amérique, se trouvèrent accidentellement placés dans l'école de la liberté et en apprirent les principes et la pratique par cœur.

Comme il était impossible de séparer les événements militaires qui eurent lieu en Amérique des principes de la révolution Américaine, la publication de ces événements en France était nécessairement liée avec celle des principes qui les avaient produits ; plusieurs des faits étaient eux-mêmes des principes : tels que la déclaration de l'indépendance de l'Amérique et le traité d'alliance entre la France et l'Amérique, qui reconnaissait les droits naturels de l'homme, et qui justifiait la résistance à l'oppression.

Le ministre des affaires étrangères en France, alors le Comte de Vergennes, n'était pas l'ami de l'Amérique ; et c'est une justice et une reconnaissance dues à la Reine de France, de dire que ce fut elle qui mit la cause de l'Amérique en vogue à la cour de France [1]. Le Comte de

---

1 *Note du Traducteur*. Ce fut aussi la Reine qui bannit la première de la Cour de France cette aristocratie rebutante et ces manières guindées connues sous le nom d'ÉTIQUETTE, et qui, conséquemment, porta le premier coup au monstre infernal que l'Assemblée Nationale vient de terrasser. Par quelle étrange bizarrerie a-t-on donc vu une foule de libellistes vomir les insultes les plus dégoûtantes contre cette Princesse,

Vergennes était l'ami et le compagnon du docteur Franklin, et le docteur avait obtenu, par ses manières agréables, beaucoup d'influence sur lui ; mais quant aux principes, le Comte de Vergennes était un despote.

La situation du docteur Franklin, comme ministre d'Amérique en France, doit être prise en considération dans cette chaîne de circonstances. Le caractère diplomatique circonscrit celui qui en est revêtu dans le cercle le plus étroit de la société. Il empêche les liaisons par une réciprocité de soupçons ; et un *diplôme* est une espèce d'atome sans connexions, continuellement repoussant et repoussé ; mais il n'en fut pas de même du docteur Franklin. Il n'était pas le *diplôme* d'une cour, mais de L'HOMME ; sa réputation, comme philosophe, était établie depuis longtemps, et son cercle de société en France fut universel.

Le Comte de Vergennes s'opposa longtemps à la publication des constitutions Américaines traduites en Français ; mais il fut enfin obligé de céder à l'opinion publique, et à une espèce de nécessité de paraître conséquent, en permettant de rendre public ce qu'il avait entrepris de défendre. Les constitutions Américaines sont pour la liberté, ce qu'une grammaire est pour les langues : elles définissent les parties du discours, et les construisent dans la pratique selon les règles de la syntaxe.

La situation particulière du ci-devant marquis de la Fayette, est un autre chaînon de la grande chaîne. Il servait en Amérique en qualité d'officier, et, par l'universalité de ses amis et de ses connaissances, était aussi lié avec le gouvernement civil qu'avec les corps militaires. Il parlait la langue du pays, entrait dans les discussions sur les principes du gouvernement, et était toujours bien reçu aux élections.

Lorsque la guerre fut terminée, il se répandit dans toute la France un vaste renfort pour la cause de la liberté par le retour des officiers et des soldats Français.

L'expérience se joignit alors à la théorie, et il ne manquait pour lui donner une existence réelle qu'une occasion. L'homme ne peut pas, à proprement parler, faire des circonstance convenables à ses desseins ; mais il a toujours le pouvoir d'en tirer parti quand elles arrivent : et ce fut le cas en France.

M. Necker sortit du ministère au mois de Mai 1781 et ensuite par la

---

et lui faire même un crime de ce qui aurait dû lui attirer des louanges C'est qu'ils connaissaient aussi peu son caractère, qu'ils connaissent peu la politique et l'économie des empires, et qu'ils étaient soudoyés par la vengeance et l'ambition. Je dévoilerai par la suite ce mystère d'iniquité.

Droits de l'homme

mauvaise administration des finances, et particulièrement pendant l'administration extravagante de M. de Calonne, le revenu de la France qui était de près de 600,000,000, ne fut pas suffisant pour la dépense de l'état, non pas parce que le revenu était diminué, mais parce que la dépense était augmentée ; et voilà la circonstance dont se servit la Nation pour amener une révolution. M. Pitt a souvent dans ses *budgets*, ou projets d'impôts, fait allusion à l'état des finances de France, sans entendre ce sujet. Si les Parlements de France avaient été aussi disposés à enregistrer les édits pour de nouvelles taxes, qu'un Parlement Anglais est disposé à accorder des subsides, il n'y aurait pas eu de dérangement dans les finances, et la révolution n'aurait pas encore eu lieu ; ce que j'avance deviendra plus clair par la suite.

Il saut d'abord expliquer de quelle manière on mettait les impôts en France. Le Roi, ou plutôt le Ministre qui agissait en son nom, faisait un édit pour les taxes, qu'il envoyait aux Parlements pour être enregistré ; car cet édit n'avait force de loi qu'après son enregistrement par les Parlements.

Il existait depuis longtemps des disputes entre la Cour et les Parlements sur l'étendue de leurs pouvoirs à cet égard. La Cour prétendait que l'autorité des Parlements ne s'étendait pas plus loin que de remontrer ou de donner des raisons contre les taxes proposées, se réservant à elle-même le droit de décider, si ces raisons étaient bien ou mal fondées ; et en conséquence de retirer l'édit comme matière de choix ; ou d'en *ordonner* l'enregistrement comme matière de droit. Les Parlements, de leur côté, soutenaient qu'ils avoient non seulement droit de remontrer, mais de rejeter ; et dans cette circonstance, ils étaient toujours soutenus par la nation.

Revenons à l'ordre de ma narration. — M. de Calonne avait besoin d'argent, et comme il connaissait l'opiniâtreté des Parlements sur les nouvelles taxes, il chercha à les aborder avec des moyens plus doux que ceux de l'autorité directe, ou à éluder leur vigilance par une habile manœuvre : pour cet effet il fit revivre le projet d'assembler un corps d'individus des différentes provinces, sous le nom d'une Assemblée de Notables, qui furent convoqués en 1787, et qui devaient ou recommander aux Parlements d'enregistrer l'édit des impôts, ou faire eux-mêmes en cette occasion la fonction des Parlements. Une pareille assemblée avait été convoquée en 1617.

Comme nous devons regarder cette circonstance comme le premier pas vers la révolution, il est à propos d'entrer dans quelques particularités sur ce sujet. L'Assemblée des Notables a dans quelques endroits été prise pour les États-Généraux, mais c'était un corps tout différent, les États-Généraux étant électifs, au lieu que les personnes qui composaient l'Assemblée des Notables étaient toutes nommées par le Roi et formaient un corps de 140 membres. Mais comme M. de Calonne ne pouvait pas compter sur la majorité de cette Assemblée en sa faveur, il les arrangea fort habilement de manière à ce que quarante-quatre devinssent la majorité dans un nombre, de cent quarante ; pour cet effet il les distribua en sept bureaux séparés de vingt membres chacun. Toutes les questions générales devaient être décidées, non pas à la pluralité des voix, mais à la pluralité des bureaux ; et comme onze voix faisaient la pluralité dans un bureau, et que quatre bureaux faisaient la pluralité sur sept, M. de Calonne avait de bonnes raisons de croire que comme quarante-quatre personnes décideraient toutes les questions générales, il ne rencontrerait pas de difficultés. Mais tous ses projets le trompèrent et furent finalement cause de sa ruine.

Le ci-devant Marquis de la Fayette fut placé dans le second bureau, dont le Comte d'Artois était Président ; et comme le sujet de leurs discussions était l'impôt, cela fit passer en revue toutes les circonstances qui y avaient des rapports. M. de la Fayette accusa verbalement Calonne d'avoir vendu des domaines de la couronne pour deux millions, d'une manière qui paraissait inconnue au Roi. Le Comte d'Artois [comme pour l'intimider, car la Bastille existait alors] lui demanda s'il voulait mettre cette accusation par écrit ; il répondit qu'oui. — Le Comte d'Artois ne la demanda pas, mais apporta un message du Roi à cet effet. M. de la Fayette mit alors son accusation par écrit pour être donnée au Roi, en disant qu'il la soutiendrait. Cette affaire n'eut plus de suites mais M. de Calonne fut peu de temps après renvoyé et se retira en Angleterre.

Comme M. de la Fayette, par l'expérience qu'il avait acquise en Amérique, entendait mieux l'économie du gouvernement civil que la généralité de ceux qui composaient l'Assemblée des Notables, le fort du travail tomba sur lui. Le plan de ceux qui avaient une constitution en vue, fut de disputer à la cour le droit d'imposer, et quelques-uns dirent ouvertement leur opinion. Il y eut souvent des contestations entre le Comte d'Artois et M. de la Fayette sur différents sujets. Quant aux arrérages déjà dus, ce dernier proposa d'y remédier en réglant la dépense sur le revenu, et non pas le revenu sur la dépense ; et, comme objets de réforme, il proposa d'abolir la Bastille et toutes les prisons d'état dans tout le royaume (dont l'entretien causait beaucoup de dépense) et de supprimer *les lettres-de-cachet* : mais on ne fit pas alors beaucoup d'attention à la première proposition : et quant aux *lettres-de-cachet*, la majorité de la Noblesse était en leur faveur.

Quant aux moyens de pourvoir au trésor public, l'Assemblée refusa, de prendre sur elle une augmentation d'impôts, en disant qu'elle n'en avait pas le droit. Dans une discussion sur ce sujet, M. de la Fayette dit qu'il n'avait qu'une Assemblée Nationale, librement élue par le Peuple et agissant comme ses représentants, qui pût mettre de nouvelles taxes. Voulez-vous dire, demanda le Comte d'Artois, *les États-généraux* ? M. de la Fayette répondit qu'oui. Voulez-vous, ajouta-t-il, signer ce que vous dites pour que je le donne au Roi ? L'autre répliqua qu'il signerait non seulement cela, mais qu'il irait plus loin, et dirait que la méthode la plus efficace, était que le Roi accordât l'établissement d'une Constitution.

Comme l'un des plans n'avait pas réussi, celui de faire agir l'Assemblée des Notables comme un Parlement, il fallut avoir recours à l'autre, qui était de recommander. Quant à cela, l'Assemblée tomba d'accord de recommander aux Parlements l'enregistrement de deux nouvelles taxes, l'impôt du timbre et l'impôt territorial. On évaluait le produit de ces impôts à 120,000,000. Il faut à présent reporter notre attention sur les Parlements auxquels on renvoie de nouveau la balle.

L'archevêque de Toulouse [depuis archevêque de Sens et Cardinal] fut chargé de l'administration des finances peu après le renvoi, de M. de Calonne. Il fut aussi fait principal ministre, place qui n'existait pas toujours en France. Quand cette place n'existe pas, le chef de chacun des principaux départements travaille immédiatement avec le Roi ; mais quand il y a un principal ministre, les autres ministres ne travaillent qu'avec lui. L'archevêque parvint à une plus grande autorité qu'aucun autre ministre depuis le Duc de Choiseul, et la Nation était fort bien disposée en sa faveur ; mais par une ligne de conduite inconcevable, il perdit toutes les occasions de faire le bien, devint despote, fut disgracié, et *Cardinal*.

L'Assemblée des Notables étant séparée, le nouveau ministre envoya les édits des deux nouveaux impôts recommandés par l'Assemblée aux Parlements, pour y être enregistrés. Ils vinrent d'abord au Parlement de Paris, qui fit réponse : *qu'avec les charges que soutenait la Nation, le mot de taxe ne devait être prononcé que pour les diminuer* ; et qui rejeta les deux Édits.

Sur ce refus, le Parlement fut mandé à Versailles, où le Roi tenait ce que l'on appelle un Lit de Justice ; et les deux Édits surent enregistrés en présence du Parlement par un ordre d'État, de la manière dont j'en ai fait mention dans un autre endroit. Là-dessus le Parlement retourna à Paris, renouvela ses séances selon la forme accoutumée, et fit biffer l'enregistrement, en protestant contre tout ce qui avait été fait à Versailles, et déclarant l'enregistrement nul et illégal. Tous les membre du Parlement reçurent alors une lettre de cachet qui les exilait à Troyes en Champagne ; mais comme ils demeurèrent aussi inflexibles dans le lieu de leur exil qu'auparavant, et que la vengeance ne suppléait pas aux impôts, ils furent quelque temps après rappelés à Paris.

Les Édits leur surent encore présentés, et le Comte d'Artois entreprit d'agir comme Représentant du Roi. Il vint donc à Paris, en grande procession, et le Parlement s'assembla pour le recevoir : Mais la pompe et la parade avaient perdu leur influence en France ; et quelque idée qu'il ait eue de son importance en partant de Versailles, il eut à s'en retourner avec celle de la mortification et du manque de succès. Lorsqu'il descendit de voiture pour monter au Parlement, la foule [qui était sort nombreuse] fit entendre ses murmures, en disant : « c'est Monsieur d'Artois qui veut encore de notre argent ». Le mécontentement marqué dont il s'aperçut, lui causa quelques appréhensions ; et l'Officier de garde qui l'accompagnait cria aux armes ! Ces mots furent articulés si haut qu'ils retentirent dans toutes les avenues du Palais et produisirent une confusion momentanée. J'étais alors dans un des appartements par où il devait passer, je ne pus m'empêcher de faire des réflexions sur la misérable condition d'un homme méprisé.

Il s'efforça de faire impression sur le Parlement par de grands mots, ouvrit son discours par ces paroles : « Le Roi, notre Seigneur et Maître ». Le Parlement le reçut très froidement et avec sa résolution ordinaire de ne point enregistrer l'impôt ; et cette entrevue se termina ainsi.

Après cela une nouvelle question fut agitée. Dans les différents débats et dans les contestations qui s'élevèrent dans la Cour et les Parlements au sujet des taxes, le Parlement de Paris déclara à la fin que, quoique c'eût été la coutume des Parlements d'enregistrer les édits pour les taxes, comme affaire de convenance, ce droit n'appartenait qu'aux *États-Généraux* ; et que conséquemment le Parlement ne pouvait pas avec décence discuter sur ce qu'il n'avait pas droit de faire. Le Roi vint ensuite à Paris et alla au Parlement, où il resta depuis dix heures du matin jusqu'à six heures du soir ; et avec une franchise qui parut naturelle, comme sans avoir consulté le cabinet ou le ministère, donna sa parole au Parlement que les États-Généraux seraient convoqués.

Mais il y eut ensuite une autre scène sur un objet tout-à-fait différent des premiers. Le Ministère et le Cabinet ne se souciaient pas de convoquer les *États-Généraux* ; ils savaient bien : que si les États-Généraux s'assemblaient, leur chute était certaine ; et comme le Roi n'avait point fixé le temps, ils s'avisèrent d'un projet fait pour éluder, sans paraître s'opposer.

Dans cette intention, la Cour se mit elle-même à faire une espèce de Constitution, ce fut principalement l'ouvrage de M. Lamoignon, Garde des Sceaux, qui s'est défait depuis. Ce nouvel arrangement consistait dans l'établissement d'une Cour Plénière qui serait investie de tous les pouvoirs dont le gouvernement pourrait avoir besoin. Les membres de cette Cour devaient être nommés par le Roi ; le droit tant contesté de mettre l'impôt fut abandonné de la part du Roi, et un nouveau Code de lois substitué au premier. Ce projet, dans plusieurs points, contenait de meilleurs principes que ceux qui avoient jusqu'ici servi de bases à l'administration du Gouvernement ; mais quant à la Cour Plénière, ce n'était qu'un intermédiaire par lequel le despotisme devait passer, avant de paraître lui-même sur la scène.

Le Cabinet avait fondé de grandes espérances sur ce nouveau plan. Ceux qui devaient composer la Cour Plénière étaient déjà nommés ; et comme il fallait sauver les apparences, on y avait placé plusieurs des personnes les plus estimées de l'État. Elle devait s'assembler le 8 Mai 1788 ; mais on trouva deux objections bien fortes pour s'opposer à sa réunion. On en attaqua la légalité du côté du principe et du côté de la forme.

Sur le principe, on dit que le Gouvernement n'avait pas le droit de se changer lui-même ; et que si l'on en admettait la pratique, elle deviendrait principe et servirait d'exemple pour toutes les altérations qu'il plairait au Gouvernement de faire ; que le droit de changer le Gouvernement était un droit national, et non pas un droit de Gouvernement. — Et du côté de la forme, on maintint que la Cour Plénière n'était qu'un cabinet plus nombreux.

Les ci-devant ducs de la Rochefoucault, de Luxembourg, de Noailles, et plusieurs autres, ne voulurent point accepter leur place et s'opposèrent à tout le plan. Quand l'édit pour établir cette nouvelle Cour fut envoyé aux parlements pour y être enregistré et mis à exécution, les Parlements refusèrent aussi. Le Parlement de Paris ne se contenta pas de refuser ; il ne reconnut pas l'autorité, et la contestation se renouvela plus fort que jamais entre la Cour et le cabinet. Tandis que le Parlement était assemblé pour discuter ce sujet, le ministère fit environner le Palais d'un régiment de soldats, et former une espèce de blocus. Les membres envoyèrent chercher des lits et des provisions, et vécurent comme dans une citadelle assiégée. Comme ce blocus n'avait pas produit l'effet désiré, l'officier-commandant reçut ordre d'entrer dans le Parlement et d'en saisir les membres ; ce qu'il fit, et plusieurs des plus récalcitrants furent envoyés dans différentes prisons. A peu près dans ce temps, il arriva une députation de la province de Bretagne, pour remontrer contre l'établissement de la *Cour plénière* ; et l'archevêque envoya les députés à la Bastille. Mais l'intrépidité de la nation était invincible ; elle connaissait si bien l'avantage du terrain qu'elle avait pris, celui de refuser l'impôt, qu'elle se contenta l'une espèce de résistance passive, qui bafoua tous les plans alors formés contre elle. On fut finalement obligé de renoncer au projet de la Cour Plénière ; le principal ministre peu de temps après subit son sort, et M. Necker fut rappelé.

La tentative d'établir la Cour Plénière eut un effet sur la Nation dont elle ne s'aperçut pas elle-même. C'était une sorte de nouvelle forme de gouvernement qui servit insensiblement à faire disparaître l'ancienne, et à la désarçonner de l'autorité superstitieuse de l'antiquité. C'était le Gouvernement qui détrônait le Gouvernement ; et l'ancien régime, en tentant d'en créer un nouveau, laissa un vide.

Le manque de succès de ce projet renouvela celui de convoquer les États-Généraux, et cette matière donna lieu à une nouvelle question politique. Il n'y avait pas de forme réglée pour convoquer les États-Généraux ; on entendait par là une députation du Clergé, de la Noblesse et du Tiers-État, mais leur nombre n'avait pas toujours été le même. Ils n'avaient été convoqués que dans des occasions extraordinaires, et leur dernière convocation avait été en 1614 ; ils s'étaient alors assemblés en nombre égal dans chaque Ordre et avaient voté par Ordre.

M. Necker ne tarda pas à s'apercevoir que le mode de 1614 ne remplirait ni les vues du gouvernement actuel, ni de la nation. Dans l'état où étaient les choses, ils ne se seraient accordés sur rien. Ils seraient entrés dans des discussions sans nombre sur les privilèges et sur les exemptions, ce qui n'aurait aucunement pourvu aux besoins du Gouvernement, ni au désir de la Nation, d'avoir une Constitution. Mais comme il ne voulait pas décider cette question par lui-même, il rappela les Notables et la laissa à leur décision.

Cette assemblée étant principalement composée des Nobles et du haut Clergé, et se trouvant conséquemment juge et partie dans l'affaire, décida en faveur du mode de 1614. Cette décision n'était conforme, ni au vœu de la Nation, ni à celui de la Cour ; car l'aristocratie s'opposait à toutes deux, et réclamait des privilèges indépendants de l'une ou de l'autre. Le sujet fut repris par le Parlement qui recommanda que le nombre des communes fut égal à celui des deux autres Ordres, et que les trois Ordres s'assemblassent dans une chambre et votassent en commun. Le nombre fut finalement fixé à douze cents, six cents pour les communes, [et c'était moins que leur proportion en raison de leur valeur et de leur importance dans l'état], trois cents pour le Clergé et trois cents pour la Noblesse ; mais quant au mode de s'assembler, soit dans différentes chambres ou en commun, ou à la manière de voter, soit par Ordre ou par tête, cela ne fut pas décidé [1].

L'élection qui suivit ne fut pas une élection contestée, mais une élection vigoureuse Les candidats n'étaient pas des *hommes*, mais des *principes*.

---

1 M. Burke (et je prends la liberté de lui dire qu'il ne sait rien des affaires de France) en parlant sur ce sujet, dit : « La première chose qui me frappa dans la convocation des États-Généraux fut qu'on s'écartait grandement de l'ancienne méthode ». Et peu après il dit : « du moment ou je lus la liste de ses membres, je vis pleinement et presque aussi exactement que cela est arrivé tout ce qui devait s'ensuivre ». — M. Burke ne vit certainement pas ce qui devait s'ensuivre. Je m'efforçai de lui persuader, tant avant qu'après sa convocation des États-Généraux, qu'il y aurait une *révolution* ; mais je ne pus en venir à bout, et il n'en voulut rien croire. Comment donc peut-il avoir tout prévu ? Cela me passe ; et quant à ce qu'il dit sur ce qu'on s'est écarté de l'ancienne forme, outre la faiblesse de cette remarque, cela montre qu'il ignore tout à fait les circonstances. Il était nécessaire qu'on s'en écartât, parce que l'expérience avait démontré qu'elle était mauvaise. Les États-Généraux de 1614 avaient été appelés au commencement de la guerre civile, dans la minorité de Louis XIII ; mais par le choc des différents ordres ils augmentèrent la confusion à laquelle ils devaient remédier. L'auteur de l'*intrigue de cabinet*, qui écrivit avant qu'on pensât à aucune révolution en France, en parlant des États-Généraux de 1614, dit : « ils tinrent cinq mois le public en suspens et par les questions qu'ils agitèrent et la chaleur avec laquelle elles étaient introduites ; il parait que les grands pensèrent plutôt à satisfaire leurs passions particulières qu'à faire le bien de la Nation ; et tout le temps se perdit en altercations, en cérémonies et en parades ». *L'Intrigue du Cabinet, tom. I, p. 329.*

Il se forma des sociétés dans Paris, et des comités de correspondance et de communication s'établirent dans toutes les villes du royaume pour éclairer le peuple et lui expliquer les principes du gouvernement civil ; et l'élection fut conduite avec tant d'ordre qu'elle ne donna pas même lieu à la rumeur du tumulte.

Les États-Généraux devaient s'assembler en Avril 1789, mais ils ne s'assemblèrent qu'au mois de Mai. Ils prirent trois chambres différentes, ou plutôt l'aristocratie et le clergé se retirèrent dans deux chambres séparées. La majorité de l'aristocratie réclama le privilège de voter par ordre, et de donner son consentement ou son refus de cette manière ; et plusieurs évêques et hauts bénéficiers réclamèrent le même privilège pour leur ordre.

Le *tiers-état* [comme on l'appelait alors,] désavoua toute connaissance d'ordres et de privilèges artificiels, et fut non seulement résolu sur cet article, mais même un peu dédaigneux. Il commença à regarder l'aristocratie comme une espèce d'excroissance provenant de la corruption de la société ; et par la disposition qu'avait montré l'aristocratie de conserver les lettres-de-cachet, et dans d'autres occasions, il était évident qu'on ne pouvait pas former une constitution en admettant des hommes sous un autre caractère que sous celui d'hommes de la Nation.

Après une multitude de discussions sur ce point, le tiers-État ou les communes [sur une motion faite par l'abbé Syeyes,] se déclarèrent « REPRÉSENTANTS DE LA NATION ; déclarant en même temps *que les deux ordres de la Noblesse et du Clergé ne pouvaient être considérés que comme des députés de corps, et ne pouvaient avoir voix délibérative qu'en se réunissant sous un caractère National aux représentants de la Nation.* » Ce décret éteignit le nom *d'États Généraux*, et donna à l'Assemblée celui qu'elle porte aujourd'hui, *Assemblée Nationale*.

Cette motion ne fut point faite d'une manière précipitée ; elle fut le résultat d'une délibération réfléchie, et concertée entre les représentants des communes et les membres patriotes des deux autres chambres qui voyaient la folie, le mal et l'injustice des distinctions artificielles et des privilèges. Il paraissait évident à tous les gens sensés qu'on ne pouvait former de constitution qui pût mériter ce nom sur d'autres bases que celles de la Nation. L'aristocratie s'était jusqu'ici opposée au despotisme de la cour, et avait affecté le langage du patriotisme ; mais elle s'y était opposée comme un rival [de même que les Barons d'Angleterre s'étaient opposés au Roi Jean,] et elle s'opposait alors à la Nation par les mêmes motifs.

Lorsque cette motion eut passé, les représentants de la Nation comme on l'avait projeté, envoyèrent une députation au deux autres chambres pour les inviter à se joindre à eux sous un caractère National, afin de procéder aux affaires de l'état. La majorité du Clergé, principalement les Curés de paroisses, quittèrent la chambre du Clergé et joignirent les communes ; et quarante-cinq membres de l'autre chambre en firent autant. Il y a une espèce d'histoire secrète tenant à cette dernière circonstance, qui a besoin d'explication. On crut qu'il n'était pas prudent que tous les membres patriotes de la chambre de la noblesse se retirassent tout d'un coup ; et en conséquence de cet arrangement ils se retirèrent petit à petit, laissant toujours quelques-uns d'eux pour discuter la question et pour surveiller les autres. Le nombre de ceux qui se retirèrent monta bientôt à quatre-vingt, et devint rapidement considérable ; ce qui joint à la majorité du Clergé, réduisit les mécontents à un très petit nombre.

Le Roi, qui, peu semblable aux personnes revêtues de cette dignité, a le cœur excellent, se montra disposé à recommander l'union des trois chambres sur les principes adoptés par l'Assemblée Nationale ; mais les mécontents firent leurs efforts pour l'empêcher et formèrent un autre projet. Leur nombre était composé de la majorité de la chambre aristocratique et de la minorité du Clergé, principalement d'évêques et de hauts bénéficiers ; ils résolurent de tout tenter et d'employer la force et la ruse. Ils n'objectaient point à l'établissement d'une Constitution ; mais ils voulaient eux-mêmes en dicter les principes, et la faire d'une manière conforme à leurs vues et à leurs positions particulières.

D'un autre côté, la Nation désavouait toute autre prétention de leur part, excepté la qualité de citoyen, et était déterminée à rejeter leurs réclamations mal fondées. Plus l'aristocratie voulut se montrer, plus elle fut méprisée ; il y avait une imbécillité visible, et un manque d'énergie dans la plupart d'entre eux, une sorte de je ne sais quoi, de façon qu'en affectant de vouloir être plus que citoyens, ils étaient moins que des hommes. Elle perdit du terrain plutôt par le mépris qu'elle excita, que par la haine qu'on lui porta ; ce n'était pas un lion que l'on craignait, mais un âne dont on se moquait. Voilà en général le caractère d'aristocratie, on de ce que l'on appelle noble ou noblesse, ou plutôt *ignoblesse* dans tous les pays.

Le projet des mécontents avait donc alors deux objets en vue ; savoir, de délibérer et de voter par ordre, plus particulièrement sur les questions touchant la constitution, [par ce moyen, la chambre aristocratique aurait eu la négative sur tous les articles de la Constitution ; ou, en cas qu'ils ne pussent pas parvenir à ces fins, de renverser entièrement l'Assemblée Nationale.

Pour effectuer l'un ou l'autre de ces objets, ils commencèrent à cultiver l'amitié du despotisme, qu'ils avaient jusqu'ici voulu rivaliser, et le Comte d'Artois devint leur chef.

Le Roi, [qui a déclaré depuis qu'on avait surpris sa religion] tint, selon l'ancien usage, *un lit de justice*, dans lequel il régla qu'on délibérerait et voterait par tête dans certaines occasions, mais conserva aux trois chambres la faculté de délibérer et de voter par ordre sur toutes les questions concernant la Constitution. Cette déclaration du Roi fut faite contre l'avis de M. Necker, qui commença alors à s'apercevoir qu'il ne plaisait plus à la cour et qu'on pensait à un autre ministre.

Comme la forme de s'assembler par chambres était encore conservée en apparence, quoique effectivement détruite, le représentant de la Nation aussitôt après cette déclaration du Roi, se retirèrent dans leurs chambres pour délibérer sur une protestation contre ladite déclaration. La minorité de la noblesse s'assembla dans un endroit particulier pour délibérer sur le même sujet. Les mécontents avaient alors concerté leurs mesures avec la cour, et le Comte d'Artois s'était chargé de les conduire ; et comme ils virent, par le mécontentement que la déclaration avait excité et l'opposition qu'elle avait occasionnée, qu'ils ne pourraient point diriger la Constitution en votant par ordre, ils en vinrent à leur second objet, celui de conspirer contre l'Assemblée Nationale et de la détruire.

Le lendemain matin les portes de l'Assemblée Nationale se trouvèrent fermées et gardées par des troupes qui empêchèrent les membres d'y entrer. Là-dessus, ils se retirèrent dans un jeu de paume, qui était l'endroit le plus convenable qu'ils purent alors trouver, et après avoir repris leur séance, prêtèrent serment de ne jamais se séparer, dans quelques circonstances qu'ils pussent se trouver, la mort exceptée, avant d'avoir rétabli une constitution. Comme l'essai de fermer les portes n'avait eu d'autre effet que celui de produire une plus grande union entre les membres, elles furent ouvertes le lendemain, et les affaires publiques y furent traitées comme à l'ordinaire.

Nous ne devons pas à présent perdre de vue la formation du nouveau ministère, qui devait accomplir la ruine de l'Assemblée Nationale ; mais comme il fallait des forces, on donna des ordres pour un rassemblement de trente mille hommes, dont le commandement fut donné à Broglie, l'une des personnes désignées pour le nouveau ministère, que l'on fit revenir de sa campagne pour cet effet. Comme il fallait des ménagements pour que ce plan ne fût pas divulgué jusqu'à ce qu'il fût mûr pour l'exécution, c'est à cette politique que l'on doit attribuer une déclaration faite par le Comte d'Artois, dont il est à propos de faire mention.

Il était évident que, tant que les mécontents continueraient à se tenir dans leurs chambres séparées, cette mesure exciterait plus de jalousie que s'ils se réunissaient aux représentants de la Nation, et que leur complot pourrait être soupçonné ; mais comme ils avaient pris cette résolution et qu'il leur fallait un prétexte pour s'en départir, il devint nécessaire d'en trouver un. On fit faire au Comte d'Artois cette déclaration, « *que s'il ne se rendaient pas à l'Assemblée Nationale, la vie du Roi serait en danger* » : sur quoi ils quittèrent leurs chambres et se réunirent.

Quand le Comte d'Artois fit cette déclaration, on la regarda comme absurde de sa part, et on crut qu'elle n'était calquée que pour tirer de leur situation désagréable le petit nombre de membres qui n'étaient point réunis aux Communes, et cette conclusion aurait été juste, s'il n'était rien arrivé par la suite, mais comme les événements découvrent toujours mieux les causes, cette réunion apparente n'était qu'une couverture pour les machinations qui se tramaient, et la déclaration répondait à ces fins. Peu de temps après l'Assemble Nationale se trouva environnée de troupes, et il en arrivait tous les jours par milliers. Cette circonstance occasionna une sorte remontrance de l'Assemblée Nationale au Roi, sur le peu de convenance de cette mesure, et pour lui en demander la raison. Le Roi, qui n'était pas dans le secret, comme il l'a depuis avoué, donna pour réponse qu'il n'avait d'autre objet en vue que de conserver la tranquillité publique, qui paraissait en danger.

Mais quelques jours après, le complot se découvrit. M. Necker et les autres ministres surent renvoyés ; on forma un nouveau ministère des ennemis de la révolution, et Broglie avec environ vingt-cinq ou trente mille hommes de troupes étrangères, était arrivé pour le soutenir. Le masque était alors levé et les choses en vinrent à une crise. L'événement fut que, dans l'espace de trois jours, les nouveaux ministres et leurs suppôts se trouvèrent obligés de quitter la la France, que la bastille fut prise, et Broglie et ses troupes dispersés, comme nous l'avons déjà raconté dans un endroit de cet ouvrage.

Il y a des circonstances curieuses dans l'histoire de ce ministère mort-né, et de cet avorton de conspiration, pour former une contre-révolution. Le château de Versailles, où se tenait la Cour, n'était qu'à quelques centaines de pas de la salle de l'Assemblée Nationale ; les deux places étaient dans ce moment comme les quartiers généraux des deux armées ennemies ; cependant la Cour était aussi peu instruite des nouvelles arrivées de Paris à l'Assemblée Nationale, que si elle avait résidé à cent lieues de là. Le ci-devant marquis de la Fayette, qui, comme nous l'avons dit, avait été choisi pour présider l'Assemblée Nationale dans cette occasion particulière, envoya, par ordre de l'Assemblée, trois députations successives au Roi, le jour de la prise de la bastille, pour conférer avec lui sur l'état des affaires ; mais les ministres qui ne savaient pas même que cette forteresse fût attaquée, empêchaient toute espèce de communication, et se félicitaient mutuellement de leurs succès ; mais dans peu d'heures, les nouvelles arrivèrent si rapidement et si successivement, qu'ils n'eurent plus d'autre parti à prendre que celui d'abandonner leurs bureaux avec la plus grande précipitation. Les uns se déguisèrent d'une manière les autres d'une autre ; aucun d'eux ne partit sous sa véritable forme Leur sollicitude fut alors d'arriver avant la nouvelle de leur désastre, de crainte d'être arrêtés ; mais quoiqu'elle se répandît avec la rapidité de l'éclair, leur fuite fut encore plus précipitée.

Il est digne de remarque que l'Assemblée Nationale ne fit pas du tout poursuivre ces conspirateurs fugitifs, qu'elle ne fit même aucune mention d'eux, et qu'elle ne chercha à se venger d'aucune manière. Occupée de l'établissement d'une Constitution fondée sur les droits de l'homme et sur l'autorité du peuple, la seule autorité sur laquelle le Gouvernement a droit d'être assis dans tous les pays, l'Assemblée Nationale ne fut émue d'aucune de ces passions basses qui marquent le caractère des Gouvernements insolents fondés sur leur propre autorité, ou sur l'absurdité d'une succession héréditaire. C'est une des facultés de l'esprit humain de prendre l'impression de ce qu'il contemple, et d'être à l'unisson de son objet.

La conspiration ainsi dissipée, un des premiers objets de l'Assemblée Nationale, au lieu de ces proclamations vindicatives des autres Gouvernements, fut de publier une déclaration des droits de l'homme, comme la base sur laquelle elle devait bâtir la nouvelle constitution, et que nous joignons ici.

Droits de l'homme

## Déclaration des droits de l'homme et du citoyen.

Les représentants du peuple Français, constitués en Assemblée Nationale, considérant que l'ignorance, l'oubli ou le mépris des droits de l'homme sont les seules causes des malheurs publics et de la corruption des Gouvernements, ont résolu d'exposer dans une déclaration solennelle les droits naturels, inaliénables et sacrés de l'homme, afin que cette déclaration, constamment présente à tous les membres du corps social, leur rappelle sans cesse leurs droits et leurs devoirs ; afin, que les actes du pouvoir législatif et ceux du pouvoir exécutif, pouvant être à chaque instant comparés avec le but de toute institution politique, en soient respectés ; afin que les réclamations des citoyens, fondées désormais sur des principes simples et incontestables, tournent toujours au maintien de la constitution et au bonheur de tous.

En conséquence, l'Assemblé Nationale reconnaît et déclare, en présence et sous les auspices de l'Être Suprême, les droits suivants de l'homme du Citoyen.

Article premier.
Les hommes naissent et demeurent libres et égaux en droits ; les distinctions sociales ne peuvent être fondées que sur l'utilité commune.

II. Le but de toute association politique est la conservation des droits naturels et imprescriptibles de l'homme ; ces droits sont la liberté, la propriété, la sûreté et la résistance à l'oppression.

III. Le principe de toute Souveraineté réside essentiellement dans la Nation ; nul corps, nul individu ne peut exercer d'autorité qui n'en émane expressément.

IV. La liberté consiste à pouvoir faire tout ce qui ne nuit pas à autrui ; ainsi l'exercice des droits naturels de chaque homme n'a de bornes, que celles qui assurent aux autres membres de la société la jouissance de ces mêmes droits ; ces bornes ne peuvent être déterminées que par la loi.

V. La loi n'a le droit de défendre que les actions nuisibles à la société. Tout ce qui n'est pas défendu par la loi ne peut être empêché, et nul ne peut être contraint à faire ce qu'elle n'ordonne pas.

VI. La loi est l'expression de la volonté générale ; tous les citoyens ont droit de concourir personnellement ou par leurs représentants à sa formation ; elle doit être la même pour tous, soit qu'elle protège, soit qu'elle punisse. Tous les citoyens étant égaux à ses yeux, sont également admissibles à toutes dignités, places et emplois publics, selon leur capacité, et sans autres distinctions que celles de leurs vertus et de leurs talents.

VII. Nul homme ne peut être accusé, arrêté, ni détenu, que dans les cas déterminés par la loi et selon les formes qu'elle a prescrites. Ceux qui sollicitent, expédient, exécutent ou sont exécuter des ordres arbitraires, doivent être punis ; mais tout citoyen appelé ou saisi en vertu de la loi, doit obéir à l'instant : il se rend coupable par la résistance

VIII. La loi ne doit établir que des peines strictement et évidemment nécessaires, et nul ne peut être puni qu'en vertu d'une loi établie et promulguée antérieurement au délit, et légalement appliquée.

IX. Tout homme étant présumé innocent jusqu'à ce qu'il ait été déclaré coupable, s'il est jugé indispensable de l'arrêter, toute rigueur qui ne serait pas nécessaire pour s'assurer de sa personne, doit être sévèrement réprimée par la loi

X. Nul ne doit être inquiété pour ses opinions, même religieuses, pourvu que leur manifestation ne trouble pas l'ordre public établi par la loi.

XI. La libre communication des pensées et des opinions, est un des droits les plus précieux de l'homme. Tout citoyen peut donc parler, écrire, imprimer librement, sauf à répondre de l'abus de cette liberté, dans les cas déterminés par la loi.

XII. La garantie des droits de l'homme et du citoyen nécessite une force publique : cette force est donc instituée pour l'avantage de tous, et non pour l'utilité particulière de ceux à qui elle est confiée.

XIII. Pour l'entretien de la force publique, et pour les dépenses d'administration, une contribution commune est indispensable ; elle doit être également répartie entre tous les citoyens, en raison de leurs facultés.

XIV. Les citoyens ont le droit de constater par eux-mêmes ou par leurs représentants la nécessité de la contribution publique, de la consentir librement, d'en suivre l'emploi, et d'en déterminer, la quotité, l'assiette, le recouvrement et la durée.

XV. La société a le droit de demander compte à tout agent public de son administration.

XVI. Toute société dans laquelle la garantie des droits n'est pas assurée, ni la séparation des pouvoirs déterminée, n'a point de constitution.

XVII. Les propriétés étant un droit inviolable et sacré, nul ne peut en être privé, si ce n'est lorsque la nécessité publique, légalement constatée, l'exige évidemment, et sous la condition d'une juste et préalable indemnité.

Observations sur la déclaration des droits de l'homme.

Les trois premiers articles comprennent et termes généraux toute une déclaration de droits. Tous les articles suivants en tirent leur origine ou ne sont que des explications. Le quatrième, cinquième et sixième définissent plus particulièrement ce qui n'est que généralement exprimé dans le premier, le second et le troisième.

Le septième, huitième, dixième et onzième sont des déclarations de principes sur lesquels les lois doivent être faites, conformément aux droits déjà déclarés. Mais il y a de très honnêtes gens, tant en France que dans les autres pays, qui doutent que le dixième article garantisse suffisamment le droit qu'il a dessein d'accorder ; et qui disent qu'outre cela, c'est ôter quelque chose à la dignité divine de la religion, et affaiblir sa force efficiente, que de la rendre un sujet de lois humaines. La religion se présente alors à l'homme comme la lumière interceptée par un nuage intermédiaire, qui lui en obscurcit la vue, et il n'aperçoit rien digne de révérence dans la sombre raye [1].

---

1 Il y a une simple idée qui, si elle se présente bien à l'esprit, soit dans un sens légal ou religieux, empêchera tout homme ou tout corps d'hommes, ou tout gouvernement de jamais errer sur le sujet de la religion ; c'est qu'avant qu'aucune institution humaine de gouvernement fût connue dans le monde, il existait, si je puis me servir de cette expression, un contrat entre Dieu et l'homme depuis le commencement de la création, et que comme la relation ou la condition dans laquelle se trouve l'homme par rapport à son Créateur, ne saurait être changée par aucune loi ni par aucune autorité humaine, cette dévotion religieuse, qui fait partie de ce contrat, ne peut point devenir le sujet des lois humaines, et que toutes les lois doivent se conformer à ce contrat antérieur ne pas présumer de rendre le contrat conforme aux lois qui, outre qu'elles sont de fabrique humaine, sont subséquentes au contrat. Le premier acte de l'homme lorsqu'il regarda autour de lui, qu'il vit qu'il ne s'était pas fait lui-même, et qu'il trouva un monde garni pour le recevoir, doit avoir été la dévotion, et la dévotion doit toujours rester sacrée pour tous les hommes, *de quelque manière qu'ils jugent à propos de la témoigner* ; et les gouvernements ont tord de s'en mêler.

Thomas Paine

Les articles suivants, en commençant par le douzième, sont substantiellement contenus dans les principes des articles précédents ; mais dans la situation particulière où se trouvait la France, ayant à détruire ce qui était mauvais, aussi bien qu'à élever ce qui était bon, il était à propos d'être plus exact qu'il n'aurait été nécessaire de l'être dans une autre position.

Tandis que la déclaration des droits était en agitation à l'Assemblée Nationale, quelques-uns Je ses membres remarquèrent que, si on publiait une déclaration de droits, il fallait qu'elle fût accompagnée d'une déclaration de devoirs. Cette observation annonce de la réflexion : ils n'erraient cependant, que parce qu'ils ne réfléchissaient pas assez profondément. Une déclaration de droits est aussi une déclaration de devoirs réciproques. Ce qui est mon droit comme homme ; est également le droit d'un autre homme ; et il est de mon devoir de lui garantir le sien comme de posséder le mien.

Les trois premiers articles sont les bases de la liberté tant individuelle que Nationale ; aucun pays dont le gouvernement ne tire pas son origine des principes qu'ils contiennent, et ne continue pas d'en conserver la pureté, ne saurait être appelé libre ; et la déclaration des droits est d'une plus grande valeur pour le monde entier, et fera plus de bien que toutes les lois et tous les statuts publiés jusqu'à ce jour.

Dans l'exorde déclaratoire qui précède la déclaration des droits, on voit le spectacle solennel et majestueux d'une nation ouvrant s : commission sous les auspices de son Créateur pour établir un gouvernement ; scène si nouvelle et si élevée au-dessus de ce que l'on a encore vu dans cette partie du monde, que le nom de révolution n'approche point de la dignité de son caractère ; elle s'élève jusqu'à celui de la régénération de l'homme ; que sont les gouvernements de l'Europe, sinon des scènes d'iniquité et d'oppression ? Quel est celui d'Angleterre ? Ses propres habitants ne disent-ils pas eux-mêmes que c'est un marché où chacun a son prix, et où la corruption est un trafic continuel fait aux dépens d'un peuple trompé ? Il n'est donc pas surprenant que l'on calomnie la révolution Française. Si elle s'était simplement bornée à la destruction d'un despotisme monstrueux, peut être que M. Burke et quelques autres auraient gardé le silence. Leur cri présent est qu'elle est allée trop loin : ç'est-à-dire, qu'elle est allée trop loin pour eux ; elle ose regarder la corruption en face ; la horde vénale est alarmée, ses craintes se manifestent dans ses outrage, et elle ne sait que publier les gémissements du vice blessé. Mais une pareille opposition, au lieu de nuire à la révolution Française, ne peut que lui faire honneur. Plus on la frappera, plus il en sortira de lumières, et il y a plutôt à craindre qu'on ne la frappe pas assez. Elle n'a rien à appréhender des attaques ; elle est établie sur la vérité, et son nom sera aussi durable que le temps.

Après avoir examiné les progrès de la révolution Française dans tous ses principaux incidents, depuis son commencement jusqu'à la prise de la bastille, et de son établissement par la déclaration des droits, je vais terminer ce sujet avec l'apostrophe énergique de M. de la Fayette : *Puisse ce grand monument élevé à la liberté servir de leçon à l'oppresseur et d'exemple à l'opprimé.*

# Mélanges

Afin de ne point interrompre le sujet dans la partie précédente de cet ouvrage, j'ai réservé quelques observations pour former un chapitre de mélanges ; et par ce moyen, la variété ne saurait être accusée de confusion. L'ouvrage de M. Burke n'est qu'un mélange depuis le commencement jusqu'à la fin. Son intention était d'attaquer la révolution Française ; mais au lieu de s'avancer en ordre, il l'a assaillie par une *populace* d'idées qui sont tombées les unes sur les autres, et se sont entre-détruites.

Il est aisé de rendre compte de la confusion et de la contradiction qui existent dans le livre de M. Burke. — Quand un homme dans une longue cause veut régler sa course par toute autre chose que par quelque vérité ou quelque principe évident, il est sûr de se perdre. Il ne peut tenir ensemble toutes les parties d'un argument et les faire aboutir à une issue, qu'en ayant toujours cette boussole sous les yeux. Ni la mémoire, ni l'invention ne saurait en tenir lieu. La première lui manque et la dernière le trahit.

Malgré le galimatias, car cela ne mérite pas d'autre nom, que M. Burke a débité touchant les droits héréditaires, et la succession héréditaire, et les assertions qu'une Nation n'avait pas le droit de se former un gouvernement ; il lui est arrivé par hasard de donner quelque idée de ce qu'est un gouvernement : « *Un gouvernement*, dit-il, *est une composition de sagesse humaine.* »

En admettant qu'un Gouvernement soit une composition de sagesse humaine, il s'ensuit nécessairement que la succession héréditaire et les droit héréditaires, comme on veut bien les appeler, n'en sauraient faire partie, parce qu'il est impossible de rendre la sagesse héréditaire ; et d'un autre côté, ce n'est point une composition bien sage, qui dans son opération peut confier le Gouvernement d'une Nation à la *sagesse* d'un imbécile. La position que prend ici M. Burke est fatale à toutes les parties de sa cause. L'argument passe des droits héréditaires à la sagesse héréditaire ; et la question est : qui est l'homme le plus sage ? Il faut à présent qu'il montre que chaque individu, dans la ligne d'une succession héréditaire, était un Salomon, ou son titre ne vaut rien pour être Roi. — Quel coup vient de faire M. Burke ! Pour me servir d'une phrase de marin, il a *fauberté le pont* et à peine laissé un nom lisible dans la liste des Rois, et il a fauché la chambre des pairs avec une faux aussi formidable que celle du temps et de la mort.

Mais il semble que M. Burke ait prévu cette réplique ; et il a pris soin de se mettre en garde, en faisant un Gouvernement non seulement une *composition* de sagesse humaine, mais un *monopole* de sagesse. Il met la Nation, qu'il regarde comme les fous, d'un côté, et son Gouvernement de sagesse, tous sages de *Gotham*, de l'autre ; et il proclame : « que les hommes ont DROIT à ce que cette sagesse supplée à leurs besoins ». Ayant ainsi fait sa proclamation, il leur explique ensuite quels sont leurs *besoins*, et quels sont leurs *droits*. Dans cet endroit-ci, il n'a certainement pas été maladroit ; car il rend leurs besoins un *manque* de sagesse ; mais comme cela n'est pas fort consolant, il les informe qu'ils ont *droit* [non pas à aucune partie de la sagesse de *cette composition*], mais d'être gouvernés par elle ; et afin de leur inspirer une révérence solennelle pour ce Gouvernement monopole de sagesse, et pour sa vaste capacité pour tous les cas possibles ou impossibles, bons ou mauvais, il continue, avec l'importance mystérieuse d'un astrologue, à les informer de ses pouvoirs en ces termes : — « Les droits de l'homme dans un Gouvernement sont leurs avantages ; et ces avantages consistent souvent dans un balancement entre des biens différents ; quelquefois en un compromis entre le *bien* et le *mal*, et quelquefois entre le *mal* et le *mal*. La raison politique est un principe calculateur ; ajoutant, — soustrayant, — multipliant — et divisant moralement, et non pas métaphysiquement ou mathématiquement, les vraies démonstrations morales ».

Comme l'audience ébahie à laquelle M. Burke croit parler, n'entend peut-être pas tout ce savant jargon, je vais entreprendre d'être son interprète. La signification de tout cela, mes bonnes gens, c'est *qu'un Gouvernement n'est gouverné par aucun principe quelconque ; qu'il peut rendre mauvais ce qui est bon, ou bon ce qui est mauvais, selon son caprice. En un mot, qu'un Gouvernement est le pouvoir arbitraire.*

Mais M. Burke a oublié quelque chose ; d'*abord*, il n'a pas montré d'où venait originairement cette sagesse ; et *secondement*, il n'a pas fait connaître par quelle autorité elle a commencé à agir. De la manière dont il traite cette matière, c'est ou le Gouvernement qui vole la sagesse ou la sagesse qui vole le Gouvernement. Il est sans origine, et son pouvoir sans autorité. En un mot, c'est une usurpation.

Soit par honte, ou par la conviction de quel que défaut radical, dans un Gouvernement, qu'il est nécessaire de dérober à la vue, ou pour ces deux raisons, ou pour quelque autre cause que je n'entreprends pas de déterminer, il arrive toujours qu'un raisonneur monarchique ne remonte jamais à la source d'un Gouvernement. C'est un des *shibboleths* [1] (*e*) par où on peut le connaître. Dans mille ans d'ici, ceux qui vivront en Amérique ou en France, remonteront avec la fierté de la contemplation à l'origine de leurs gouvernements, et diront : *ce fut l'ouvrage de nos glorieux ancêtres !* Mais que peut faire un raisonneur monarchique ? De quoi peut-il se vanter ! Hélas ! de rien. Un certain je ne sais quoi l'empêche de remonter à l'origine de son gouvernement, de peur que quelque Mandrin ou quelque Cartouche ne sorte de la longue obscurité du temps, et ne dise : *je suis l'origine !* Quelque peine que prit M. Burke, il y a deux ans, au sujet du bill de la régence et de la succession héréditaire, et quelques recherches qu'il fît pour trouver des exemples, il n'eut cependant pas la hardiesse de parler de Guillaume de Normandie, et de dire : *voici le premier de la liste ! Voici la source des honneurs !* le fils d'une prostituée, et le déprédateur de la Nation Anglaise.

Les opinions sur les gouvernements sont bien changées dans tous les pays, et continuent de changer avec une rapidité incroyable. Les révolutions d'Amérique et de France ont jeté un rayon de lumières dans le monde qui est parvenu jusqu'à l'homme, Les dépenses excessives des gouvernements ont excité les hommes à réfléchir en les rendant sensibles : et une fois que le voile commence à se déchirer, il n'est plus possible de le raccommoder. L'ignorance est d'une nature toute particulière ; une fois dissipée, il est impossible de la rétablir. Elle n'est précisément rien de positif, mais seulement un manque de connaissance ; et quoiqu'on puisse *tenir* l'homme dans l'ignorance, on ne saurait le *faire redevenir* ignorant. L'esprit, en découvrant la vérité, agit de la même manière qu'il agit par le canal des yeux pour découvrir les objets ; quand une fois un objet quelconque a été aperçu, il est impossible que l'esprit retourne au même point où il était avant de l'avoir vu. Ceux qui parlent d'une contre-révolution montrent, combien peu ils connaissent la nature de l'homme. Il n'existe pas dans toute l'étendue des langue un arrangement de mots qui puisse exprimer les moyens d'effectuer une contre révolution. Les moyens ne sauraient être qu'une privation de lumières ; et l'on n'a pas encore découvert la possibilité de faire *désapprendre* à l'homme ses connaissances, ou de faire *rétrograder*

---

1 (e) *Shibboleths*. Mot du guet par la prononciation duquel les Juifs reconnaissaient leurs frères Juifs.

ses pensées.

M. Burke travaille en vain à arrêter le progrès de la science ; et c'est d'autant plus mal de sa part, que l'on est informé dans la cité d'une certaine affaire qui le fait soupçonner d'avoir une pension sous un nom supposé. Cela rend raison d'une étrange doctrine avancée dans son ouvrage, qui, quoi qu'en apparence pointée contre la société de la révolution, est réellement dirigée contre toute la Nation.

« Le Roi d'Angleterre, dit-il, tient sa couronne [car selon M. Burke elle n'appartient pas à la Nation] au *mépris du choix de la société de la révolution*, dont les membres, *collectivement* ou *individuellement*, n'ont pas une simple voix pour l'élection d'un Roi ; et les héritiers de sa majesté, chacun dans son temps et par ordre succession, parviendront à la couronne *avec le même mépris pour leur choix*, que sa majesté est parvenue à celle qu'elle porte aujourd'hui ».

Quant à ce qui regarde la question de savoir, qui est Roi en Angleterre ou ailleurs, ou s'il y aura aucun Roi, ou si le peuple choisira un chef des Cherokees, ou un hussard Hessois pour Roi, cela ne m'inquiète aucunement, — c'est l'affaire des Anglais ; mais quant à la doctrine, en tant qu'elle a rapport aux droits des hommes et des Nations, elle est aussi abominable que tout ce que l'on a jamais pu prononcer de plus bas dans le pays le plus esclave de l'univers. Je ne saurais dire si, n'étant pas accoutumé à entendre prêcher un pareil despotisme, elle fait sur moi une plus forte impression que sur tout autre ; mais je suis certain que ses principes sont abominables.

Ce n'est pas de la société de la révolution dont M. Burke entend parler ; c'est de la Nation, dans son caractère *originaire* et dans son caractère *représentant* ; et il a eu soin de se faire comprendre, en disant qu'elle n'avait pas une voix, soit *collectivement*, soit *individuellement*. La société de la révolution est composée de citoyens de toutes les classes et de membres des deux Chambres du Parlement ; conséquemment si aucun de ses membres n'a le droit d'une voix, personne n'en saurait avoir ni dans la Nation, ni dans le Parlement. Cela doit servir d'avertissement à tous les pays, en leur faisant connaître combien il est dangereux d'importer chez eux des familles étrangères pour être Rois. Il est vraiment curieux d'observer que, quoique le peuple Anglais ait été dans l'habitude de traiter le sujet des Rois, c'est toujours une famille étrangère de Rois qui règne sur lui ; et que n'aimant pas les étrangers il se trouve toujours gouverné par des étrangers. — C'est aujourd'hui la maison de

Brunswick, chef d'une des petites tribus d'Allemagne.

Ç'a toujours été la coutume des Parlements d'Angleterre de régler ce que l'on appelle la succession, [supposant que la Nation continuait dans la volonté d'annexer une branche monarchique à son gouvernement ; car sans cela le Parlement n'aurait pas eu l'autorité d'envoyer en Hollande ou en Hannovre, ou de donner un Roi à la Nation contre son gré] ; et c'est étendre le pouvoir du Parlement jusqu'au dernier point sur ce sujet ; mais le droit de la Nation embrasse tout le *sujet*, parce qu'elle peut changer la forme *entière* de son gouvernement. Le droit du Parlement n'est qu'un dépôt, un droit délégué, et cela par une très petite partie de la Nation, car l'une de ses chambres n'a même ce caractère. Mais le droit de la Nation est un droit originaire, aussi universel que celui d'accorder l'impôt. C'est la Nation qui paye tout, et tout doit se conformer à sa volonté générale.

Je me rappelle d'un discours fait dans ce que l'on appelle la chambre des Pairs, par le Comte de Shelburne, et je crois que c'est du temps qu'il était ministre, qui peut s'appliquer à ce cas-ci. Je ne l'ai pas exactement présent à la mémoire, mais les paroles et la substance, autant que je puis m'en rappeler, étaient ce qui suit : *que la forme d'un gouvernement était une chose entièrement à la disposition de la Nation dans tous les temps ; que si elle voulait une forme monarchique, elle en avait le droit ; que si ensuite elle voulait devenir république, elle en avait aussi le droit, et pouvait dire à un Roi : nous n'avons plus besoin de vos services.*

Quand M. Burke dit : « les héritiers de sa majesté, chacun dans son temps et par ordre de succession, parviendront à la couronne *avec le même mépris de leur choix* que sa majesté est parvenue à celle qu'elle porte », c'est en dire trop, même au plus humble individu du pays, dont une partie du travail journalier sert à payer le million sterling que la Nation donne tous les ans à la personne qu'elle appelle Roi. Un gouvernement insolent est le despotisme ; mais un gouvernement méprisant est encore pis ; et payer le mépris, c'est un excès de l'esclavage. Cette forme de gouvernement vient d'Allemagne, et me fait souvenir de ce que me dit un soldat de Brunswick, fait prisonnier, par les Américains dans la dernière guerre : « ah ! dit-il, l'Amérique est un charmant pays libre ; il vaut bien la peine qu'on combatte pour le défendre ; j'en connais la différence par la connaissance que j'ai du mien ; dans mon pays, si le prince dit : mangez du foin, nous mangeons du foin. » Dieu ait pitié de ce pays, dis-je en moi-même, soit l'Angleterre ou tout autre, dont la

Mélanges

liberté est soumise à des principes Allemands de gouvernement, et à des princes de Brunswick !

Comme M. Burke parle tantôt de l'Angleterre, tantôt de la France, et tantôt du monde entier et des gouvernements en général, il est difficile de répondre à son livre, sans lui faire face sur le même terrain. Quoique les principes des gouvernements soient généraux, il est presque impossible dans certains cas de les séparer de l'idée de places et de circonstances et cela est encore plus difficile quand on met les circonstances en place des arguments, ce qui arrive souvent à M. Burke.

Dans la première partie de son livre, en s'adressant au Peuple Français, il dit : « aucune expérience ne nous a appris [voulant dire les Anglais] que par aucune autre méthode que celle de *l'hérédité de la Couronne*, notre liberté pût se perpétuer et rester sacrée comme notre droit héréditaire ». Je demande à M. Burke qui la lui enlèvera ? — M. de la Fayette en parlant à la France dit : *pour qu'une Nation soit libre, il suffit qu'elle le veuille*. Mais M. Burke représente l'Angleterre comme manquant de capacité pour prendre soin d'elle-même, et dit qu'il faut que sa liberté soit gardée par un Roi qui la méprise. Si l'Angleterre en est venue à cet état d'avilissement, elle est prête à manger du foin, comme en Hanovre ou en Brunswick. Mais outre la folie de cette déclaration, il arrive que tous les faits sont contre M. Burke.

Ce fut parce que le gouvernement était héréditaire que la liberté du peuple courut de dangers. Charles I$^{er}$ et Jacques II sont des exemples de cette vérité. Cependant aucun d'eux ne porta la présomption assez loin pour mépriser la nation.

Comme il est quelquefois avantageux aux habitants d'un pays d'entendre ce qu'ont à dire à leur sujet ceux des autres pays, il est possible que le peuple Français puisse tirer quelque chose de l'ouvrage de M. Burke, et que le peuple Anglais tire quelque chose des réponses qu'il occasionnera. Lorsque les nations se querellent sur la liberté, un vaste champ s'ouvre à la discussion ; les arguments commencent par le droit de guerre ; sans souffrir aucun des maux qu'elle occasionne, comme la science devient l'objet de la dispute, le parti défait est celui qui remporte le prix de l'action.

M. Burke parle de ce que l'on appelle une couronne héréditaire comme si c'était quelque production de la nature ; ou comme si, semblable au temps, elle avait le pouvoir d'opérer non seulement d'une manière indépendante, mais en dépit même de l'homme ; ou comme si c'était une chose ou un sujet universellement reconnu. Hélas ! elle n'a aucune de ces propriétés, mais elle a des qualités tout à fait contraires. C'est une chose imaginaire, dont la propriété est plus que douteuse, et dont la légalité dans quelques années ne sera pas admise.

Mais, pour rendre ce sujet, plus clair que ne peuvent le faire des expressions générales, il sera nécessaire de poser les différents points de vue sous lesquels [ce que l'on appelle] une couronne héréditaire, ou pour parler plus juste, une succession héréditaire au Gouvernement d'une nation peut être considérée, qui sont :

D'abord, le droit d'une famille particulière de s'établir elle-même.

Secondement, le droit d'une nation d'établir une famille particulière.

Quant au premier de ces points de vue, celui d'une famille s'établissant elle-même de sa propre autorité avec des pouvoirs héréditaires, et indépendamment du consentement de la nation, tous les gens sensés conviendront que c'est le despotisme ; et ce serait insulter à leurs facultés intellectuelles que de vouloir le prouver.

Quant au second, celui d'une Nation établissant une famille particulière, et lui accordant des *pouvoirs héréditaires*, il ne le présente pas comme le despotisme à la première vue ; mais si on réfléchit une seconde fois, et que l'on porte cette réflexion jusqu'aux descendants de cette famille, on verra que la succession héréditaire devient, dans ses conséquences, le même despotisme sur les autres que l'on avait improuvé pour soi. Elle tend à exclure le consentement des générations futures, et l'exclusion du consentement et le despotisme.

Quand un homme en possession d'un gouvernement, ou ceux qui doivent lui succéder, diront à une nation, « je tiens ce pouvoir, en dépit de vous », il n'importe sur quelle autorité il le fonde, ce n'est pas soulager, mais aggraver la peine d'une personne dans l'esclavage, de lui rappeler qu'elle a été vendue par ses parents ; et comme ce qui augmente l'atrocité d'un acte ne saurait servir à en prouver la légalité, on ne peut donner la succession héréditaire comme une chose légale.

Pour arriver à une décision plus parfaite sur ce point, il sera à propos de considérer la génération qui entreprend d'établir une famille avec des *pouvoirs héréditaires*, séparément des générations qui doivent la suivre ; et d'examiner aussi le caractère en vertu duquel la première génération agit, par rapport aux générations futures.

Mélanges

La nation qui choisit d'abord un homme et qui le place à la tête de son Gouvernement, soit avec le titre de Roi ou toute autre distinction quelconque, agit pour elle-même comme un être libre, que son choix soit bon ou qu'il soit mauvais. La personne ainsi placée, n'est point héréditaire, mais choisie, et nommée ; et la nation qui le choisit, ne vit pas sous un gouvernement héréditaire, mais sous un gouvernement de son propre choix et de son propre établissement. Si la génération qui l'a élevé et la personne ainsi élevée vivaient éternellement, la succession ne serait jamais héréditaire, et conséquemment la succession ne saurait avoir lieu que par la mort des premières parties.

Comme donc la succession héréditaire n'est point applicable à la *première* génération, nous avons maintenant à considérer en quel caractère *cette* génération agit par rapport à la génération suivante, et à toutes les générations futures.

Elle prend un caractère auquel elle n'a ni droit ni titre. De *législatrice* elle devient *testatrice*, et prétend faire un testament qui opère après son décès, pour léguer le gouvernement ; et elle tente non seulement de laisser, mais d'établir sur la génération future une nouvelle forme de gouvernement, différente de celle sous laquelle elle vivait elle-même. Elle ne vivait pas elle-même, comme nous l'avons déjà observé, sous une forme héréditaire de gouvernement, mais sous un gouvernement choisi et établi par elle ; et elle cherche, en vertu d'un testament, qu'elle n'a pas l'autorité de faire, à ôter à la génération naissante et à toute les générations futures les droits et le libre arbitre avec lesquels elle a elle-même agi.

Mais, outre ce droit que toute génération a d'agir collectivement comme testatrice, les objets auxquels elle applique son testament dans ce cas-ci, sortent des limites de toutes les lois et de tous les testaments.

Les droits de l'homme en société ne sont susceptibles ni d'être transférés, ni d'être anéantis ; ils ne sont que transmissibles ; et il n'est pas au pouvoir d'aucune génération d'en intercepter finalement la descente. Si la génération actuelle ou toute autre génération se trouve disposée à être esclave, cela ne diminue pas le droit de la génération future pour être libre : les torts ne peuvent avoir de descente légale. Quand M. Burke veut soutenir que la *Nation Anglaise, au temps de la révolution de 1688, abdiqua ses droits de la manière la plus solennelle pour elle-même et pour toute sa postérité*, il tient un langage qui ne mérite pas de réplique, et qui ne peut qu'exciter le mépris pour ses principes prostitués, ou la pitié pour son ignorance.

Sous quelque jour que la succession héréditaire, comme provenant de la volonté et du testament de quelque génération antérieure, puisse paraître, c'est une absurdité. *A* ne saurait faire un testament pour prendre à *B* la propriété de *B* et la donner à *C* ; c'est cependant la manière dont opère ce que l'on appelle une succession héréditaire par la loi. Une certaine génération antérieure fit un testament qui a dépouillé la génération naissante et toutes les générations futures de leurs droits pour transférer ces mêmes droits à une troisième personne qui se présente ensuite, et leur dit, dans le style de M. Burke, qu'ils n'ont pas de *droits*, que leurs *droits* lui sont déjà légués, et qu'elle gouvernera en *dépit* de leur volonté. De pareils principes et d'une pareille ignorance, délivrez-nous, Seigneur !

Mais après tout, qu'est-ce que cette métaphore, appelé Couronne, ou plutôt qu'est-ce que la monarchie ? Est-ce une chose réelle, ou un nom, ou une fraude ? Est-ce une *composition* de sagesse humaine, ou d'artifice humain, pour obtenir de l'argent d'une nation sous divers prétextes ? Est-ce une chose nécessaire à une nation ? Si cela est, en quoi consiste cette nécessité ? Quels services rend-elle ? Quelles sont ses occupations, et quel est son mérite ? Sa vertu réside-t-elle dans la métaphore ou dans l'homme ? L'orfèvre qui fait la couronne en fait-il aussi la vertu ? Opère-t-elle comme le bonnet de Fortunatus, ou le sabre d'Arlequin ? Rend-elle un homme sorcier ? Enfin qu'est-ce que c'est ? Il parait que c'est une chose dont la mode se passe, qui devient ridicule, et qui est rejeté dans quelques pays comme inutile et dispendieuse. En Amérique, on la regarde comme une absurdité ; et en France elle est si fort sur le déclin, que la bonté de l'homme et le respect pour son caractère personnel sont les seules choses qui conservent l'apparence de son existence.

Si le Gouvernement est ce que M. Burke nous le décrit, une *composition* de sagesse humaine, je pourrais lui demander, si la sagesse était alors tellement rare en Angleterre, qu'il devint nécessaire de l'importer de Hollande ou d'Hannovre ? Mais je rendrai au pays la justice de dire, qu'il n'en était pas ainsi ; et que si l'en était ainsi, les Anglais n'ont pas bien choisi leur cargaison. La sagesse de tous les pays, lorsque l'on sait s'en servir à propos, est suffisante pour toutes ces fins ; et il n'était pas plus besoin en Angleterre d'envoyer chercher un Stathouder de Hollande, ou un électeur d'Hannovre, qu'il ne l'était en Amérique

Mélanges

de faire la même chose. Si un pays n'entend pas ses propres affaires, comment un étranger, qui ne connaît ni ses lois, ni ses mœurs, ni sa langue, les entendra-t-il ? S'il existait un homme si éminemment plus sage que le reste de ses compatriotes, que sa sagesse devînt nécessaire pour instruire une Nation, on pourrait donner quelque raison pour une Monarchie ; mais lorsqu'en jetant les yeux sur un pays, nous remarquons comment chaque partie de ce pays entend ses propres affaires, et quand en portant nos regards sur l'étendue du globe, nous voyons que de tous les hommes qui l'habitent, la race des Rois est celle qui a le moins de capacité, notre raison ne peut manquer de nous demander — pour quel usage ces hommes sont-ils entretenus ?

S'il y a quelque chose dans la Monarchie que nous autres Américains n'entendions pas, je souhaiterais que M. Burke voulût bien nous en instruire. Je vois en Amérique un gouvernement qui s'étend sur un pays dix fois aussi grand que l'Angleterre, et qui est administré régulièrement pour la quarantième partie de la dépense que coûte le Gouvernement d'Angleterre. Si je demande à un Américain s'il veut un Roi, il me demande si je le prends pour un imbécile : d'où vient donc cette différence ? Sommes-nous plus ou moins sages que les autres ? Je vois en Amérique la généralité du peuple vivre dans une sorte d'aisance inconnue dans les monarchies, et je vois que le principe de son Gouvernement, qui est celui de *l'égalité en droits*, fait des progrès rapides dans le reste du Monde.

Si la monarchie est une chose inutile, pourquoi est-elle conservée quelque part ? et si elle est nécessaire, comment peut-on s'en dispenser ? Toutes les nations civilisées seront d'accord que le *Gouvernement civil* est nécessaire ; mais le gouvernement civil est le gouvernement républicain. Toute cette partie du gouvernement d'Angleterre, depuis la charge de *constable* jusqu'à celles de la magistrature, dans tous les départements, dans les sessions de quartiers et dans les assises générales, sans en excepter même le jugement par jurés, est de la nature des Gouvernements républicains. Il n'y paraît aucune trace de la monarchie, excepté le nom que Guillaume le Conquérant imposa aux Anglais en les obligeant de l'appeler *leur Souverain Seigneur le Roi*.

Il est facile de concevoir qu'une bande d'hommes intéressés, tels que les gens en place, les pensionnaires, les gentilshommes de la chambre, les gentilshommes de la cuisine, les gentilshommes des commodités, et Dieu sait qui, trouvent autant de raisons pour le Gouvernement monarchique que leurs pensions payées aux dépens du public leur rapportent ; mais si je demande au fermier, au manufacturier, au négociant, à l'artisan et à tous les gens qui vivent de leur industrie, jusqu'au dernier manœuvre, à quoi lui sert la monarchie, je suis sûr qu'il ne pourra pas me répondre. Si je lui demande ce que c'est que la monarchie, il croit que c'est quelque chose qui ressemble à un bénéfice simple.

Quoique les taxes d'Angleterre montent à près de 400 millions [tournois], dites pour la dépense du Gouvernement, il est cependant évident que le bon sens de la nation est ce qui la gouverne, et qu'elle se gouverne par des magistrats et des jurés presque à ses propres frais, sur des principes républicains, exclusivement de la charge des impôts. Les honoraires des juges sont presque tout ce qui sort du trésor public. Considérant que tout l'intérieur du Gouvernement est exécuté par le peuple, les impôts d'Angleterre devraient être les plus légers de toutes les nations de l'Europe, au lieu que c'est tout le contraire. Comme on ne saurait rendre compte de cette dépense extraordinaire du côté du Gouvernement civil, il faut nécessairement examiner la partie monarchique.

Quand les Anglais envoyèrent chercher George I. [et quelqu'un plus sage que M. Burke, se trouverait sort embarrassé de découvrir pourquoi on avait besoin de lui, ou quel service il pouvait rendre], ils auraient dû au moins lui avoir imposé la condition d'abandonner l'Hannovre. Outre les intrigues sans bornes de l'Allemagne, qui devaient s'ensuivre de ce qu'un électeur d'Allemagne était Roi d'Angleterre, il y a une impossibilité naturelle de réunir dans la même personne les principes de la liberté et les principes du despotisme, ou comme on l'appelle en Angleterre, du pouvoir arbitraire. Un électeur d'Allemagne est dans son électorat un despote ; comment donc pouvait-on s'attendre qu'il fût attaché aux principes de la liberté dans un pays, tandis que son intérêt dans un autre était d'être soutenu par le despotisme ? Cette union ne saurait exister, et on aurait bien pu prévoir que les électeurs d'Allemagne seraient des Rois Allemands, ou, pour me servir des expressions de M. Burke, prendraient le gouvernement avec « mépris ». Les Anglais ont été dans l'habitude de ne considérer un Roi d'Angleterre, que selon les rapports qu'il a avec eux ; au lieu que la même personne, tant que cette réunion existe, a un chez lui dans un autre pays, dont l'intérêt est différent des leurs, et dont les principes de gouvernement sont opposés aux leurs.

L'Angleterre ne peut être regardée par cette personne que comme un ville où il fait sa résidence, et l'électorat comme son patrimoine. Les

Anglais peuvent souhaiter, comme je crois qu'ils le font, succès aux principes de la liberté en France ou en Allemagne ; mais un Électeur Allemand tremble pour le sort du despotisme dans ton Électorat ; et le Duché de Mecklenbourg, où la famille de la Reine actuelle gouverne, est dans la même misérable condition, sous la verge du pouvoir arbitraire, et ses habitants dans l'esclavage.

Il ne fut jamais un temps où il devint plus nécessaire aux Anglais de surveiller avec circonspection les intrigues du continent que dans le moment actuel, et de faire une distinction entre la politique de l'Électorat et celle de la nation. La révolution de France a entièrement changé les rapports politiques entre la France et l'Angleterre, comme nations ; mais les despotes Germaniques, la Prusse à leur tête, conspirent contre la liberté ; et l'attachement de M. Pitt pour sa place, et le crédit que ses liaisons de famille ont obtenu, ne sont point des sûretés suffisantes contre cette intrigue.

Comme tout ce qui se passe dans le monde devient un sujet d'histoire, je vais quitter ce sujet, et donner une courte explication de l'état des parti et de la politique de l'Angleterre, comme M. Burke a fait de la France.

Soit que le règne actuel ait commencé par le mépris, ou non, c'est l'affaire de M. Burke ; il est cependant certain qu'il en eut grandement l'apparence. L'animosité de la Nation ; comme on doit s'en rappeler, fut très grande ; et si les vrais principes de la liberté avaient alors été aussi bien entendus qu'ils promettent de l'être aujourd'hui, il est probable que la nation ne se serait pas patiemment soumise à tant de contradictions. George I et George II sentaient bien qu'ils avaient un rival dans la famille de Stuart ; et comme ils ne pouvaient compter que sur leur bonne conduite, ils eurent la prudence de ne point faire paraître leurs principes Allemands de gouvernement ; mais à mesure que la famille de Stuart s'éteignit, la prudence devint moins nécessaire.

Les contestations entre les droits des habitants et ce que l'on appelle les prérogatives de la couronne, continuèrent d'échauffer les esprits jusqu'à la conclusion de la guerre de l'Amérique, et même quelque temps après ; lorsque tout à coup un calme soudain succéda, l'exécration fit place aux applaudissements, et la popularité de la Cour crût comme un champignon dans une nuit.

Pour rendre compte de cette transition soudaine, il est à propos d'observer qu'il y a deux espèces de popularité : l'une excitée par le mérite, l'autre par le ressentiment. Comme la Nation était divisée en deux partis, et que chacun de ces partis vantait le mérite de ses champions parlementaires pour ou contre les *prérogatives*, rien ne pouvait donner un choc plus général qu'une coalition subite entre ces mêmes champions. Leurs différents partisans, étant par ce moyen laissés dans l'embarras, et pleins de dégoût pour cette mesure, ne trouvèrent d'autre remède qu'en réunissant leur haine contre tous les deux. L'aiguillon du ressentiment étant alors plus fort que celui que la contestation sur les prérogatives avait occasionné, la Nation abandonna tous les premiers objets de droit, et ne chercha que celui de se satisfaire. L'indignation contre la coalition, dissipa tellement l'indignation contre la Cour qu'elle l'éteignit ; et sans aucun changement de principes du côté de la Cour, le même peuple qui avait réprouvé son despotisme, se joignit à elle pour se venger du Parlement *coalisé*. La question ne fut plus alors sur l'objet qui était le plus aimé, mais sur celui qui était le plus haï ; et le moins haï passa pour être aimé. La dissolution du Parlement coalisé ayant fourni les moyens de gratifier le ressentiment de la Nation, ne pouvait pas manquer d'être populaire ; et de là vint la popularité de la Cour.

Des transitions de cette espèce montrent qu'une nation est plutôt sous le gouvernement de ses passions que sous celui de principes fixés et immuables ; et lorsqu'elle est une fois lancée, quoique témérairement, elle se trouve forcée de continuer sa course, afin de justifier ses premiers actes par sa persévérance.

Elle approuve maintenant des mesures qu'elle censurerait dans d'autres temps, et emploie tous les efforts de la persuasion sur elle-même pour étouffer son jugement.

A la rentrée du nouveau Parlement, M. Pitt se trouva à la tête d'une majorité assurée, et la nation le soutint, non pas par rapport à lui, mais parce qu'elle était résolue de le faire par vengeance contre un autre. Il s'introduisit à l'attention du public par un projet de réforme du Parlement, qui dans ses effets aurait été une justification de la corruption publique. La nation devait acheter les privilèges des bourgs pourris, au lieu qu'elle devrait punir ceux qui font un pareil trafic.

Sans parler des deux niaiseries de l'affaire d'Hollande, et du million sterling par an pour payer la dette nationale, l'affaire qui se présente plus particulièrement à nos regards est celle de la régence. Jamais, suivant moi, l'illusion ne fut présentée avec plus d'art, et la nation plus complètement trompée. Mais pour rendre cela sensible, il sera nécessaire d'en examiner les circonstances.

M. Fox avait avancé dans la chambre des Communes, que le prince de Galles, comme héritier par succession, avait le droit en lui de prendre le gouvernement. M.Pitt s'y opposa, et en temps que son opposition fut restreinte à la doctrine, elle était juste. Mais les principes que M.Pitt maintint pour soutenir sa thèse, étaient aussi mauvais et même pires dans leurs conséquences que ceux de M. Fox, parce qu'ils tendaient à établir une aristocratie sur la nation, et sur la petite partie de représentation qu'elle a dans la Chambre des Communes.

Ce n'est pas ici la question d'examiner si la forme du gouvernement Anglais est bonne ou mauvaise ; mais en la prenant telle qu'elle est, sans avoir égard à son mérite ou à son démérite, M. Pitt était plus éloigné du but que M. Fox.

On la suppose composée de trois branches ; — c'est pourquoi tant que la nation sera disposée à conserver cette forme, ces branches ont *un établissement national*, sont indépendantes l'une de l'autre, et ne sont pas créées l'une par l'autre. S M. Fox avait laissé le parlement derrière, et dit que le prince de Galles réclamait au nom de la nation, M. Pitt aurait donc alors été obligé d'opposer [ce qu'il appela] le droit du Parlement au droit de la Nation.

De la manière dont la question fut agitée, M. Fox prit la base de l'hérédité, et M. Pitt la base du Parlement ; mais le fait est qu'ils prirent tous deux la base de l'hérédité, et que M. Pitt prit la plus mauvaise des deux.

Ce que l'on appelle Parlement, est un composé de deux Chambres, dont l'une est héréditaire et plus indépendante du Parlement que la couronne n'est supposé l'être. C'est une aristocratie héréditaire, prenant et maintenant des droits et une autorité irrévocables et inaltérables tout à fait indépendants de la nation. Où donc était le mérite populaire d'élever ce pouvoir héréditaire au-dessus d'un autre pouvoir héréditaire moins indépendant de la nation qu'il ne prétendait l'être lui-même, et d'absorber le droits de la nation dans une Chambre qu'elle n'a ni le droit d'élire, ni de contrôler ?

L'impulsion générale de la Nation était juste ; mais elle agit sans réflexion. Elle approuva l'opposition faite au droit maintenu par M. Fox, sans s'apercevoir que M. Pitt soutenait un autre droit inaltérable, plus éloigné de la Nation.

Quant à la Chambre des Communes, elle n'est élue que par une très petite partie de la Nation ; mais si l'élection était aussi universelle que l'impôt, ce qui doit être, elle ne serait cependant que l'organe de la Nation, et n'aurait pas de droits inhérents. — Quand l'Assemblée Nationale de France résout une question, la décision est faite au nom de la Nation ; mais M. Pitt, dans toutes les questions Nationales, en tant qu'elles ont rapport à la Chambre des Communes, absorbe les droits de la Nation dans son organe, et rend l'organe la Nation, et la Nation zéro.

En un mot, la question de la régence était une question de 24,000,000 livres [tournois] par an, attaché au Département du pouvoir exécutif ; et M. Pitt ne pouvait avoir l'administration d'aucune partie de cette somme sans établir la suprématie du Parlement ; et quand cela fut fait, il était indifférent qui serait ou ne serait pas régent, puisqu'il devait être régent, à ses dépens. Parmi les curiosités que cette grande discussion produisit, on trouve la métamorphose d'un grand sceau en Roi, son impression à un acte devant avoir l'autorité Royale. Si donc l'autorité Royale est un grand sceau, elle n'est rien en elle-même ; et une bonne constitution serait infiniment plus utile à la Nation, que ne valent à présent les trois pouvoirs dans leur état actuel.

L'usage continuel du mot Constitution dans le Parlement d'Angleterre prouve qu'il n'y en a pas ; et que le tout n'est qu'une forme de gouvernement sans Constitution, et se constituant avec les pouvoirs qu'il lui plaît. S'il existait une Constitution, on s'en rapporterait certainement à elle ; et la discussion sur tous les points constitutionnels se terminerait en produisant la constitution. Un membre du Parlement dit, ceci est une Constitution ; et un autre, cela est une Constitution ; aujourd'hui c'est une chose, demain c'en est une autre, tandis que ce débat prouve qu'il n'y en a pas. La Constitution est à présent le cheval de bataille du Parlement, il s'accommode à l'oreille de la Nation. Autrefois c'était la *suprématie universelle du parlement* ; mais depuis les progrès de la liberté en France ces phrases sont dures à l'oreille ; et le Parlement Anglais a pris la mode de l'Assemblée Nationale de France, sans en prendre la substance de parler de *Constitution*.

Comme la génération actuelle du peuple Anglais n'a pas fait le Gouvernement, elle n'est pas responsable de ses défauts ; mais il est aussi certain qu'il est connu que cela est arrivé en France, qu'il faut qu'un jour on l'autre il repasse entre les mains de la Nation, pour subir une réforme constitutionnelle. Si la France avec un revenu de près de

Mélanges

600,000,000 de livres, une étendue de pays riche et fertile, quatre fois plus considérable que l'Angleterre, une population de 24,000,000 d'habitants pour supporter les taxes, avec plus de deux milliards de numéraire en circulation, et une dette moins considérable que celle d'Angleterre, a été obligée, n'importe par quelle cause, d'en venir à régler ses affaires, cela résout le problème des fonds dans les deux pays.

Il n'entre pas dans la question d'examiner depuis quand ce que l'on appelle la Constitution Anglaise existe, et de tirer de là des conséquences sur sa durée ; la question est de savoir combien de temps le système des fonds publics peut durer ? Ce système est d'invention moderne, et n'a pas encore passé une génération ; cependant dans ce court espace de temps, il a fait tant de progrès, qu'en comptant les dépenses courantes de l'administration, il exige une somme de taxes au moins égale au revenu de toutes les terres pour satisfaire au besoin de l'état. Il doit être évident à tout le monde qu'un Gouvernement n'aurait pas toujours pu suivre le système qu'il a adopté depuis soixante-dix ans ; et par la même raison il ne peut pas toujours le suivre.

Le système des fonds n'est pas de l'argent ; à proprement parler, ce n'est pas non plus du crédit. Il crée sur le papier la somme qu'il paraît emprunter, met un impôt pour soutenir le capitale *imaginaire* par le paiement de l'intérêt, et envoie l'annuité au marché afin de la vendre pour du papier déjà en circulation. Si on donne quelque crédit, c'est à la disposition où est le peuple de payer la taxe, et non, pas au Gouvernement qui la met. Quand cette bonne volonté de la part du peuple cesse, ce que l'on prenait pour le crédit du Gouvernement cesse aussi. L'exemple de la France, sous l'ancien régime, montre qu'il est impossible de forcer le paiement des impôts, quand une Nation entière est déterminée à s'y opposer.

M. Burke, dans son *exposée des Finances de France*, estime la quantité d'or et d'argent en circulation dans ce Royaume à environ deux milliards cent douze millions. En faisant son calcul, il a sans doute divisé selon le cours du change, au lieu d'évaluer une livre sterling à un louis ; car l'état des finances de France de M. Necker, dont M. Burke a tiré le sien ; est de deux milliards deux cents millions.

M. Necker en France et M. George Chalmers, du bureau du commerce et des plantations en Angleterre, dont Milord Hawkesbury est Président, publièrent à peu près dans le même temps (1786) un compte de la quantité de numéraire qu'il y avait dans chaque Nation, fondé sur les retours de la chambre des monnaies de chaque Nation. M. Chalmers estime la quantité d'argent circulant en Angleterre, y comprises l'Écosse et l'Irlande, à 480,000,000 tournois.

M. Necker [1] dit que le montant du numéraire de France, après la refonte de la vieille monnaie, était de deux milliards cinq cents millions, et après avoir sait une déduction pour ce qui va dans les îles et pour toutes les autres circonstances possibles, il estime celui qui reste dans la circulation en France à deux milliards deux cens millions ; mais en la supposant telle que l'a faite M. Burke, c'est un milliard huit cens millions de plus qu'en Angleterre.

On peut voir que la quantité de numéraire en circulation en France ne saurait être au-dessous de cette évaluation, par l'état de son revenu, sans avoir pour cela recours aux registres de la monnaie. Le revenu de la France, avant la révolution, était de près de 600,000,000 livres ; et comme il n'y avait pas alors de papier, ce revenu se payait en or et en argent, et il aurait été impossible de lever un pareil revenu sur une moindre quantité d'or et d'argent que ne l'a estimée M. Necker. Avant l'établissement des billets de banque en Angleterre, le revenu était environ le quart du montant de l'or et de l'argent, comme on peut le voir en consultant les registres des revenus antérieurement au Roi Guillaume, et par la quantité d'argent estimée en circulation dans ce temps-là, qui était à peu près la même qu'aujourd'hui.

Il ne peut être d'aucun service à une nation de s'en imposer à elle-même ou de s'en laisser imposer ; mais les préjugés de plusieurs personnes et la fourberie des autres ont toujours représenté la France comme une nation qui ne possédait que peu d'argent, au lieu que la quantité qu'elle en possède est non seulement quatre fois plus considérable que celle d'Angleterre, mais outre cela beaucoup plus grande en proportion du nombre de ses habitants. Pour rendre compte de ce déficit du côté de l'Angleterre, il faut examiner son système de fonds. L'opération de ce système est de multiplier le papier, et de le substituer en place de l'argent, sous différentes formes ; et plus le papier est multiplié, plus il y a d'occasions d'exporter les espèces ; il serait même possible [en l'étendant à l'émission de petits billets] de faire tout à fait disparaître le numéraire.

Je sais que ce sujet n'est pas agréable à des lecteurs Anglais ; mais les

---

1 Voyez administration des finances de France, par M. Necker, tome III.

matières que je vais traiter sont d'une telle importance en elles-mêmes qu'elles exigent l'attention de tous ceux qui sont intéressés dans les affaires d'argent d'une nature publique. — Il y a une circonstance dont M. Necker fait mention dans son Traité sur l'Administration des Finances, à laquelle les Anglais n'ont jamais fait attention, mais qui forme la seule base sur laquelle on peut calculer la quantité d'or et d'argent qui doit être en circulation chez toutes les Nations de l'Europe, pour en conserver une proportion relative avec les autres Nations.

Lisbonne et Cadix sont les deux ports dans lesquels tout l'or et l'argent venant de l'Amérique méridionale sont importés ; ces métaux se répandent ensuite dans toute l'Europe par le moyen du commerce, et augmentent la quantité de l'argent monnayé dans toutes les parties de l'Europe. Si donc on peut en connaître l'importation annuelle en Europe, et si la proportion relative du commerce avec l'étranger des différentes nations auxquelles ils sont distribués peut être évaluée, cela donne une règle assez sûre pour estimer la quantité d'argent qu'il doit y avoir dans chaque nation, dans tous les temps.

M. Necker, par les registres de Lisbonne et de Cadix montre que l'importation de l'or et de l'argent en Europe est de cinq millions sterling [120 millions tournois] annuellement. Il n'a pas fait ce calcul sur l'importation d'une année ; mais sur celle de quinze années consécutives, depuis 1763 jusqu'en 1777 inclusivement, et dans cet espace de temps l'importation a été d'un milliard huit cent millions tournois, ce qui fait soixante-quinze millions sterling [1].

Depuis le commencement de la succession d'Hannovre en 1714 jusqu'au temps où M Chalmers a publié son ouvrage, il y a un espace de soixante-douze ans ; et la quantité d'or et d'argent, importé en Europe dans cet espace de temps, devrait être de trois cents soixante millions sterling, [à peu près dix milliards tournois].

Si l'on estime le commerce de la Grande-Bretagne avec l'étranger à la sixième partie de tout le commerce étranger de l'Europe, [ce qui est peut-être une estimation inférieure à ce qu'en disent ces messieurs de la bourse] la pro- portion que l'Angleterre devrait retirer de cette somme par le commerce, pour être à l'unisson du reste de l'Europe, devrait aussi être un sixième, ce qui fait un milliard quatre cents quarante millions ; et si l'on fait la même déduction pour les Colonies et les autres circons-

---

1 Voyez l'administration des finances, tome III.

tances de l'Angleterre que M. Necker fait pour la France, la quantité qui doit rester en circulation, après cette déduction, sera d'un milliard deux cents quarante-huit millions tournois ou de 52,000,000 st. ; et cette somme doit avoir été dans la Nation [au temps où M. Chalmers publia son ouvrage) outre celle qui y était déjà au commencement de la race Hannovrienne, et avoir fait en tout au moins, 1584,000,000 tournois [66,000,000 st.] au lieu de cela il n'y en avait que 480,000,000, [20,000,000 sterling], ce qui fait un milliard cent quatre millions tournois au-dessous de sa quantité proportionnelle.

Comme la quantité d'or, et d'argent importé dans Cadix peut être plus exactement connue que celle des marchandises importées en Angleterre ; et comme la quantité d'espèces frappées à la tour est encore plus positivement connue, les points principaux ne peuvent souffrir aucune contradiction. Donc, ou le commerce d'Angleterre ne rapporte aucun profit, ou l'or et l'argent qu'il rapporte s'enfuient continuellement par des crevasses invisibles, au taux d'environ sept cents cinquante mille livres sterling par an, ce qui, dans le cours de soixante douze ans, occasionne ce déficit, et on y supplée par du papier [1].

---

[1] Les deux partis intéressés peuvent mieux expliquer que personne si le commerce d'Angleterre rapporte de l'argent, ou si le gouvernement le renvoie chez l'étranger, lorsqu'il y est apporté ; mais il n'est au pouvoir ni de l'un ni de l'autre de nier que ce déficit existe. Tandis que le docteur Price, M. Eden, (depuis lord Auckland) M. Chalmers et d'autres agitaient la question de savoir si la quantité d'argent actuellement en Angleterre était plus ou moine grande qu'au temps de la révolution, on ne fit pas attention à cette circonstance, que depuis la révolution il n y a pas eu moins de quatre cents millions sterling d'importés en Europe, et qu conséquemment cette quantité avait dû être quatre fois plus considérable en Angleterre qu'elle ne l'était au temps de la révolution pour être à l'unisson du reste de l'Europe. Ce que fait aujourd'hui l'Angleterre par son papier, elle aurait pu le faire par le moyen d'espèces sonnantes, si l'or et l'argent étaient rentrés dans l'empire en proportion de ce qu'ils devraient faire, ou s'ils n'en avaient pas été exportés ; elle tache donc de rétablir par le moyen du papier la balance qu'elle a perdu en argent. Il est certain que l'or et l'argent qui arrivaient annuellement en Espagne et en Portugal dans les galions ne restent pas dans ces pays-là. En supposant que la moitié de l'importation en or et l'autre moitié en argent, elle est d'environ quatre cents tonneaux par an ; car par le nombre de vaisseaux employés à transporter ces métaux de l'Amérique méridionale en Espagne et en Portugal, on peut aisément juger de la quantité sans avoir recours aux registres.

Dans l'état où se trouve aujourd'hui l'Angleterre, il est impossible qu'elle puisse augmenter son numéraire. Les impôts multipliés, non seulement diminuent la propriété des individus, mais diminuent en même temps le capital d'une Nation en excitant la contrebande, que l'on ne peut faire qu'avec de l'or et de l'argent. Par les liaisons de politique que le gouvernement Britannique a entretenues avec les

La révolution de France est accompagnée d'une multitude de circonstances nouvelles : non seulement dans le monde politique, mais dans le cercle des affaires d'argent. Entre autres choses, elle prouve qu'un Gouvernement peut être insolvable et une Nation riche. En tant que ce fait a rapport au ci-devant Gouvernement de France, il devint insolvable parce que la Nation ne voulut pas plus longtemps soutenir son extravagance, et il ne put se soutenir lui-même. — Mais quant à la Nation, elle avait tous les moyens de payer. On peut appeler un Gouvernement insolvable toutes les fois qu'il s'adresse à la Nation pour payer ses arrérages ; l'insolvabilité du ci-devant Gouvernement de France et celle du Gouvernement actuel d'Angleterre, ne diffèrent qu'en ce que la disposition du peuple diffère. Le peuple Français refusa des subsides à l'ancien Gouvernement ; et le peuple Anglais se soumet à toutes les taxes sans examen. Ce que l'on appelle la couronne a été plusieurs fois insolvable en Angleterre ; la dernière fois fut en Mai 1777, lorsqu'elle s'adressa au Parlement pour payer plus de 14,400,000 de dettes particulières qu'elle n'aurait pas pu payer sans assistance.

Ce fut une erreur commune à M. Pitt, à M. Burke et à tous ceux qui n'étaient pas instruits des affaires de France, de confondre la Nation Française avec le gouvernement Français. Il est vrai que la Nation s'efforça de rendre le ci-devant gouvernement insolvable, afin de s'emparer

---

puissances d'Allemagne et du reste du continent, il s'est fait des ennemis de toutes les puissances maritimes ; et conséquemment il est obligé d'entretenir une marine considérable ; mais quoique les vaisseaux soient bâtis en Angleterre, il faut faire venir les matériaux de l'étranger et de pays où l'on ne peut guère donner en échange que de l'or et de l'argent. On a fait courir de faux bruits en Angleterre, pour faire croire qu'il y avait beaucoup d'argent, et entre autres que les réfugiés Français en apportaient une grande quantité. Cette idée est ridicule. La plus grande partie du numéraire de France est en écus ; et il faudrait plus de vingt des plus grands chariots avec dix chevaux chacun pour transporter un million sterling en argent. Doit-on même supposer que quelques individus, fuyant à cheval ou en chaise de poste d'une manière privée, étant d'ailleurs visités à la douane et ayant la mer à passer, puissent en apporter une quantité suffisante pour leur propres dépenses.

Quand on parle de millions, on devrait faire attention que de pareilles sommes ne peuvent s'accumuler dans un pays que par des progrès lents et dans un long espace de temps. Le système le plus économique que L'Angleterre pourrait adopter aujourd'hui, ne rétablirait pas en un siècle la balance de argent qu'elle a perdu depuis la succession d'Hannovre : elle est de soixante-dix millions sterling en arrière de la France, et elle doit être en proportion égale au-dessous de tous les pays de l'Europe, parce que les retours de la monnaie en Angleterre ne montrent pas une augmentation d'espèces, tandis que les registres de Lisbonne et de Cadix démontrent qu'il y a une augmentation de numéraire de trois à quatre cents millions sterlings en Europe.

elle-même des rênes ; et elle a réservé tous ses moyens pour le soutien du nouveau Gouvernement. Dans un pays aussi vaste et aussi peuplé que l'est la France, les moyens naturels ne sauraient manquer, et les moyens politiques paraissent du moment où la Nation est disposée à les permettre. Quand M. Burke, dans un discours prononcé l'hiver dernier dans le Parlement Britannique, *jeta les yeux sur la carte de l'Europe, et vit un vide à l'endroit où était la France*, il parla comme un homme qui rêve. La même France existait alors ainsi que ces mêmes moyens naturels. Le seul vide était celui que l'extinction du despotisme avait laissé, et qui devait être rempli par une Constitution plus puissante en ressources que le pouvoir qui venait d'expirer.

Quoique la Nation Française ait rendu l'ancien Gouvernement insolvable, elle n'a pas permis que les créanciers souffrissent de cette insolvabilité ; les créanciers de leur côté, considérant la Nation comme le véritable payeur, et le Gouvernement seulement comme son agent, aimèrent mieux avoir à faire à la Nation qu'au Gouvernement. Cela paraît beaucoup troubler M. Burke, parce que c'est funeste à la politique par laquelle les Gouvernements se croyaient assurés. Ils ont contracté des dettes, dans le dessein de s'attacher ce que l'on appelle les capitalistes de la Nation et de les intéresser à leur soutien ; mais l'exemple de la France démontre que la sûreté permanente du créancier gît dans la Nation et non pas dans le Gouvernement ; et que dans toutes les révolutions possibles des Gouvernements, les moyens sont toujours dans la Nation, et que la Nation existe toujours. M. Burke dit, que les créanciers auraient dû subir le sort du Gouvernement auquel ils avaient eu confiance mais l'Assemblée Nationale les considéra comme les créanciers de la Nation, et non pas comme les créanciers du Gouvernement, comme les créanciers du maître, et non pas de l'intendant.

Quoique l'ancien Gouvernement ne pût suffire aux dépenses courantes, le Gouvernement actuel a remboursé une grande partie du capital. Cela a été effectué par deux moyens ; le premier en diminuant les dépenses du gouvernement, et l'autre par la vente des biens du Clergé. Les bigots et les débauchés convertis, les déprédateurs et les usuriers du temps passé pour s'assurer un meilleur monde que celui qu'ils allaient laisser, avaient légué des biens immenses au Clergé pour des usages pieux ; et les prêtres s'en étaient emparés. L'Assemblée Nationale a ordonné qu'ils fussent vendus pour le bien de la Nation, et a pourvu décemment à l'entretien du Clergé.

En conséquence de la révolution, l'intérêt annuel de la dette de France sera diminué au moins de cent quarante-quatre millions, en payant plus de deux milliards quatre cents millions du capital ; ce qui en diminuant les premières dépenses du Gouvernement au moins de soixante-douze millions, placera la France dans une situation digne de l'imitation de l'Europe.

En faisant une revue générale de tout le sujet, que le contraste est immense ! Tandis que M. Burke parlait d'une banqueroute générale en France, l'Assemblée Nationale payait une partie du capital de sa dette ; et tandis que les taxes se sont accrues de près de 24,000,000 tournois annuellement en Angleterre, elles ont diminué de plusieurs millions en France. M. Burke, et M. Pitt n'ont pas dit un mot des affaires de France, ou de l'état des finance de France dans la présente session du Parlement. Le sujet commence à être trop bien entendu ; et en imposer n'est plus de saison.

Le livre de M. Burke est une énigme continuelle depuis un bout jusqu'à l'autre. Il est furieux contre l'Assemblée Nationale ; mais de quoi est-il furieux ? Si ses assertions étaient aussi vraies qu'elles sont mal fondées, et si la France par sa révolution avait anéanti sa puissance, et était devenue ce qu'il appelle un *vide*, cela pourrait exciter la douleur d'un Français, [comme appartenant à la Nation], et provoquer sa rage contre l'Assemblée Nationale ; mais comment cela peut-il exciter la rage de M. Burke ? Hélas ! ce n'est pas de la Nation Française dont M. Burke veut parler ; mais de la Cour de France ; et toutes les cours de l'Europe craignant le même sort, sont en deuil. Il n'écrit ni comme un Français, ni comme un Anglais ; mais comme cette créature rampante connue dans tous les pays, et qui n'est l'amie d'aucuns, sous le nom de COURTISAN. Que ce soit la cour de Versailles, ou la cour de *Saint-James* ou *l'hôtel de Carlton* [1] ou la cour à venir, cela est indifférent ; car les principes *chenilles* des cours et des courtisans sont le mêmes. Ils ont une politique commune dans toute l'Europe, détachée et séparée de l'intérêt des Nations et en paraissant se quereller, ils s'accordent pour piller. Rien ne saurait être plus terrible pour une cour, ou pour un courtisan que la révolution de France. Ce qui fait le bonheur des Nations est un supplice pour eux ; et comme leur existence dépend de la duplicité d'un pays, ils tremblent à l'approche des principes et craignent l'exemple qui menace leur ruine.

---

1 Hôtel qu'habite le Prince de Galles.

# Conclusions

La raison et l'ignorance, aussi opposées entre elles que la lumière et les ténèbres, gouvernent la masse du genre humain. Si l'un ou l'autre est suffisamment, répandue dans un pays, le mécanisme du gouvernement se meut avec beaucoup de facilité. La raison obéit à la raison, et l'ignorance se soumet à ce qu'on lui dicte.

Les deux formes de gouvernement qui sont les plus communes dans le monde, sont *d'abord*, le gouvernement par élection et par représentation ; *secondement*, le gouvernement par succession héréditaire.

Le premier est généralement connu par le nom de République ; le dernier par celui de Monarchie et d'Aristocratie.

Ces deux formes distinctes et opposées s'élèvent sur les deux bases, distinctes et opposées de la raison et de l'ignorance. Comme l'exercice du gouvernement demande des talents et de la capacité, et comme les talents et la capacité ne sauraient être héréditaires, il est évident, que la succession héréditaire exige de l'homme une croyance à laquelle sa raison ne saurait souscrire, et qui ne peut s'établir que sur son ignorance ; et plus un pays est dans l'ignorance, plus il est propre à cette espèce de gouvernement.

Au contraire, dans une République bien constituée, le gouvernement n'exige d'autre croyance de l'homme que celle que la raison peut donner. Il voit le raisonnable de tout le système, son origine et sa manière d'opérer ; et comme il est d'autant mieux soutenu qu'il est mieux entendu, les facultés humaines agissent avec hardiesse, et acquièrent sous cette forme de gouvernement une virilité gigantesque.

Comme donc chacune de ces formes agit sur une base différente, l'une se mouvant librement par l'aide de la raison, l'autre par celle de l'ignorance, nous avons encore à examiner ce qui donne un mouvement à cette espèce de gouvernement, appelé gouvernement mixte, ou, comme on l'appelle quelquefois en plaisantant, un gouvernement *de ceci, de cela et d'autre chose*.

Le grand ressort qui fait mouvoir cette espèce de gouvernement, est nécessairement la corruption. Quelque imparfaites que soient les élections et la représentation des gouvernements mixtes, elles mettent cependant en exercice une plus grande partie de la raison que cela ne convient à la partie héréditaire ; c'est pourquoi il devient nécessaire de *corrompre ou d'acheter* la raison. Un gouvernement mixte est un *tout* imparfait, cimentant et soudant ensemble les parties discordantes par la corruption, pour les faire agir comme une seule masse. M. Burke paraît fort mécontent de ce que la France, puisqu'elle a résolue de faire une révolution, n'a pas adopté ce qu'il appelle la *Constitution Anglaise* ; et le ton douloureux avec lequel il s'exprime à cette occasion, laisse apercevoir un soupçon que la Constitution Anglaise avait besoin de quelque chose pour conserver sou crédit.

Dans les Gouvernements mixtes, il n'y a pas de responsabilité ; les parties se couvrent les unes les autres jusqu'à ce que la responsabilité ne soit plus visible, et la corruption, qui fait mouvoir toute la machine, se réserve toujours des moyens d'évasion. Quand on pose pour maxime, *qu'un Roi ne saurait faire mal*, cela le place dans l'état de sécurité des imbéciles et des fous, et la responsabilité ne le regarde plus lui-même ; elle tombe donc sur son Ministre, qui s'enveloppe dans une majorité du Parlement, qu'il peut toujours commander par le moyen des places, des pensions et de la corruption ; et cette majorité se justifie par la même autorité avec laquelle elle protège le Ministre. Dans ce cercle vicieux la responsabilité est rejetée des parties et du tout.

Quand il y a une partie dans un gouvernement qui ne peut faire mal, cela implique qu'elle ne fait rien, et qu'elle n'est que la machine d'une autre puissance par l'avis et la direction de laquelle elle agit. Ce que l'on suppose être le Roi dans les gouvernements mixtes, c'est le Conseil ; et comme le Conseil fait toujours partie du Parlement, et que les membres justifient sous un caractère ce qu'ils conseillent et font sous un autre, un gouvernement mixte devient une énigme continuelle ; greffant sur un pays, à cause de la quantité de corruption nécessaire pour en réunir les parties, une dépense suffisante pour supporter toutes les formes de gouvernement à la fois, et se résolvant finalement en gouvernement par Comités, dans lesquels les conseillers, les acteurs, les approbateurs, les justificateurs, les personnes responsables et les personnes non responsables, sont les mêmes personnages.

Par cette machinerie et ce changement de scène et de caractère, les acteurs s'aident mutuellement dans des rôles qu'ils ne voudraient pas entreprendre de jouer seuls. Quand il est question d'obtenir de l'argent, cette masse de variétés se dissout en apparence, et les parties se donnent réciproquement beaucoup de louanges Parlementaires. Chacune admire avec étonnement la sagesse, la libéralité, le désintéressement de l'autre, et toutes poussent un soupir de compassion en considérant les fardeaux de la Nation.

Mais dans une république bien constituée, il ne saurait exister la moindre trace de ces soudures, de ces louanges et de cette pitié ; la représentation étant égale dans, tout le pays, et complète en elle même, de quelque manière qu'on puisse la diviser, soit en branche législative et exécutrice, toutes dérivent de la même source. Les parties ne sont pas étrangères les unes aux autres comme il en est de la démocratie, de l'aristocratie, et de la monarchie ; comme il n'y a pas de distinction discordante, il ne faut rien corrompre par des compromis, ni rien confondre par l'artifice. Les mesures publiques en appellent au bon sens de la Nation ; et, fortes de leur propre mérite, désavouent toute adresse de flatterie à la vanité. Une jérémiade continuelle sur le fardeau des taxes, avec quelque succès qu'on puisse en faire usage dans les gouvernements mixtes, n'est pas conforme au sens et à l'esprit d'une république. Si les taxes sont nécessaires, c'est sans doute parce qu'elles sont avantageuses, mais si elles exigent des excuses, ces excuses contiennent quelque chose de criminel. Pourquoi donc en impose-t-on de cette manière à l'homme, ou plutôt pourquoi s'en impose t-il à lui-même ?

Quand on parle des hommes en les divisant en Rois et en sujets, ou quand on fait mention d'un Gouvernement sous les formes distinctes ou combinées de la Monarchie, de l'Aristocratie et de la Démocratie, qu'est-ce qu'un homme *raisonnable* peut entendre à ces expressions ! S'il y avait effectivement dans le monde deux ou plusieurs éléments du pouvoir humain, nous pourrions remonter aux différentes origines auxquelles ces expressions auraient rapport : mais comme il n'y a qu'une seule espèce d'hommes, il ne saurait y avoir qu'un élément du pouvoir humain ; et cet élément c'est l'homme lui-même. La Monarchie, l'Aristocratie et la Démocratie ne sont que les créatures de l'imagination ; et on pourrait aussi bien créer mille expressions semblables que trois.

Par les révolutions de l'Amérique et de la France et les symptômes qui ont paru dans d'autres pays, il est évident que l'opinion des hommes est changée par rapport aux systèmes de gouvernement, et que les révolutions ne peuvent être prévues ou empêchées par aucun calcul politique. Le progrès du temps et des circonstances sur lequel on calcule l'accomplissement des grands changements, est trop mécanique pour mesurer la force de l'esprit et la rapidité de la réflexion par lesquelles les révolutions sont engendrées. Tous les anciens Gouvernements en ont reçu un ébranlement déjà visible, qui était autrefois plus improbable et qui est un plus grand sujet de surprise que ne le serait aujourd'hui une révolution générale dans toute l'Europe.

Quand nous considérons la misérable condition de l'homme sous les formes monarchiques et héréditaires de Gouvernement, arraché de ses foyers par un pouvoir, ou chassé par un autre, et plus appauvri par les taxes que par les ennemis, il est évident que ces formes sont mauvaises, et qu'une révolution générale dans les principes et dans la construction des Gouvernements est nécessaire.

Qu'est-ce qu'un Gouvernement, sinon l'administration des affaires d'une Nation ? Il n'est et ne saurait être la propriété d'aucun homme ni d'aucune famille, mais de toute la communauté aux dépens de laquelle il est soutenu ; et quoique par force ou par ruse on l'ait fait passer pour un héritage, l'usurpation ne saurait changer la nature des choses. La Souveraineté, de droit, appartient à la Nation seule et non à aucun individu ; une Nation a dans tous les temps un droit inhérent et inaliénable d'abolir toute forme de Gouvernement qu'elle ne trouve pas convenable, et d'en établir une qui convienne à ses intérêts, à son goût et à son bonheur. La distinction romanesque et barbare des hommes en Rois et en sujets, quoiqu'elle puisse convenir à la condition du courtisan, n'est point propre à celle de citoyen, et est abolie par les principes sur lesquels les Gouvernements sont aujourd'hui fondés. Chaque citoyen est une portion de la Souveraineté, et, comme tel, ne peut reconnaître aucune sujétion personnelle, et ne doit obéir qu'aux lois.

Quand on réfléchit sur la nature d'un Gouvernement, on doit nécessairement supposer qu'il possède la connaissance de tous les objets et de toutes les matières sur lesquelles il doit exercer son autorité. En considérant le Gouvernement sous ce point de vue, la forme républicaine, telle qu'elle est établie en Amérique et en France, tend à embrasser l'ensemble d'une Nation ; et les connaissances nécessaires aux intérêts de toutes ses parties se trouvent dans un centre commun que les parties forment par le moyen de la représentation ; mais les anciens gouvernements sont d'une construction qui exclue les connaissances ainsi que le bonheur ; un gouvernement de moines, qui ne savent ordinairement que ce qui se passe dans l'enceinte de leurs couvents, serait aussi conséquent qu'un gouvernement de Rois.

Ce que l'on appelait autrefois révolution, n'était guère qu'un changement de personnes, ou une altération de circonstances locales.

Conséquemment elles parurent et disparurent comme leurs objets, et elles n'eurent rien dans leur existence ou dans leur destinée qui pût avoir aucune influence au-delà de l'endroit où elles prirent naissance. Mais ce que nous voyons actuellement dans le monde, par les révolutions de l'Amérique et de la France, sont une régénération de l'ordre naturel des choses, un système de principes aussi universels que la vérité et l'existence de l'homme, et une combinaison de la félicité morale et politique, et de la prospérité des Nations.

Article premier.

Les hommes naissent et demeurent libres et égaux en droits ; les distinctions sociales ne peuvent être fondées que sur l'utilité commune.

II. Le but de toute association politique est la conservation des droits naturels et imprescriptibles de l'homme ; ces droits sont la liberté, la propriété, la sûreté et la résistance à l'oppression.

III. Le principe de toute souveraineté réside essentiellement dans la Nation ; nul corps, nul individu ne peut exercer d'autorité qui n'en émane expressément.

Dans ces principes, il n'y a rien qui puisse mettre une Nation en désordre, en excitant son ambition. Ils sont calqués pour faire ressortir la sagesse et les talents, et les employer pour le bien public, et non pas pour l'émolument ou l'agrandissement d'une classe particulière d'hommes ou de familles. La souveraineté monarchique, ennemie du genre humain, et source de ces maux, est abolie, et la souveraineté elle-même remise à sa place naturelle et originaire, la NATION. S'il en était ainsi dans toute l'Europe, la cause des guerres serait anéantie.

On dit d'Henri IV de France, homme d'un cœur excellent, qu'il avait, vers l'année 1610, le projet d'éteindre les guerres en Europe. Ce projet était d'établir un congrès Européen, ou, selon l'expression de l'auteur Français, une république pacifique, en nommant des délégués de toutes les nations qui devaient agir comme une cour d'arbitrage dans toutes les disputes qui pourraient s'élever entre les Nations. Si ce projet avait été adopté dans le temps où il fût proposé, les taxes de l'Angleterre et de la France, comme deux des parties, seraient de deux cents quarante millions moindres annuellement qu'elles ne l'étaient au commencement de la révolution Française.

Pour connaître les raisons pour lesquelles un pareil plan ne fut pas mis à exécution, et pourquoi au lieu d'établir un congrès pour *prévenir* les guerres, on ne l'a formé que pour *terminer* une guerre après une dépense inutile de plusieurs années, il sera nécessaire de faire voir que les intérêts des gouvernements sont différents de ceux de la nation.

Ce qui occasionne un impôt sur une nation, devient en même temps un moyen de revenu pour un gouvernement ; chaque guerre se termine par une augmentation d'impôts, et conséquemment par une augmentation de revenu ; et quelque soit l'événement, de la manière dont les guerres sont aujourd'hui commencées et terminées, le pouvoir et le crédit des gouvernements sont augmentés. La guerre donc, à cause de sa fécondité, en tant qu'elle fournit un prétexte de nécessité pour les impôts, et des nominations à des places et à des charges, devient une des principales parties du système des anciens gouvernements ; et établir une méthode quelconque d'anéantir la guerre, quelque avantageux que cela fût aux nations, serait ôter à de pareils gouvernements la plus belle partie de leur apanage. Les causes frivoles pour lesquelles on entreprend la guerre, montrent la disposition et l'avidité des gouvernements pour soutenir le système de la guerre, et dévoilent les motifs qui les font agir.

Pourquoi le républiques ne sont-elles pas plongées dans des guerres ? Parce que la nature de leur gouvernement n'admet pas un intérêt distinct de celui de la Nation.

La Hollande même, quoique une république mal organisée, et faisant un commerce qui s'étend dans toutes les parties du monde, fut près d'un siècle sans avoir de guerre ; et du moment où la forme de gouvernement fut changée en France, les principes républicains de la paix, de la prospérité publique et de l'économie, s'élevèrent avec le nouveau gouvernement ; et les mêmes causes produiraient les mêmes effets chez les autres Nations.

Comme la guerre est le système des gouvernements de l'ancienne fabrique, les haines que les Nations entretiennent réciproquement les unes contre le autres, ne sont autre chose que ce que la politique de leurs gouvernements excite, pour entretenir l'esprit de ce système. Chaque gouvernement accuse l'autre de perfidie, d'intrigue et d'ambition, comme un moyen d'échauffer l'imagination de leurs Nations respectives, et de les provoquer à des hostilités. L'homme ne devient l'ennemi de l'homme que par l'intermédiaire d'un faux système de gouvernement. Au lieu donc de crier contre l'ambition des Rois, les cris devraient être dirigés contre le principe de pareils gouvernements ; et au lieu de chercher à réformer l'individu, la Nation devrait s'appliquer à réformer le système.

La question n'est pas d'examiner ici, si les formes et les maximes des gouvernements encore existants, étaient adaptées à l'état du monde au temps où elles furent établies ; plus elles sont anciennes, moins elles ont d'analogie avec l'état actuel des choses. Le temps et le changement de circonstances et d'opinions ont le même effet graduel sur les formes de gouvernement qu'ils ont sur les coutumes et sur les mœurs. — L'agriculture, le commerce, les manufactures et les arts tranquilles, qui contribuent plus qu'autre chose à la prospérité des Nations, exigent un différent système de gouvernement, et une différente espèce de connaissances pour diriger ses opérations, qu'il n'en fallait dans le premier période du monde.

Comme il n'est pas difficile de s'apercevoir, par la masse de lumières répandue dans l'univers, que les gouvernements héréditaires tirent vers leur fin, et que les révolutions, fondées sur les grandes bases de la souveraineté des Nations et du gouvernement par représentation, s'avancent à grands pas dans l'Europe, ce serait un acte de sagesse d'anticiper leur approche, et de produire des révolutions par le moyen de la raison et de arrangements, plutôt que de les exposer à l'issue des convulsions.

Ce que nous voyons, nous prouve qu'il n'y aucune réforme improbable dans le monde politique. Nous sommes dans un siècle de révolutions, dans lequel on doit s'attendre à tout. L'intrigue des cours, qui nourrit le système de la guerre, peut exciter les Nations à former une confédération générale pour l'anéantir ; et l'établissement d'un congrès Européen, pour protéger les progrès et propager la civilisation et les liaisons des Nations, est un événement plus probable que ne l'étaient autrefois les révolutions et l'alliance de la France et de l'Amérique.

FIN

Conclusions

ISBN : 978-1511479295

Printed in Great Britain
by Amazon